Margot Käßmann

Mütter der Bibel

HERDER spektrum

Band 6282

Das Buch

Muttersein ist wunderbar, kann aber auch ganz schön schwer sein. Und auch Mutterwerden ist nicht selbstverständlich; das war es übrigens in früheren Zeiten auch nicht. Die Bibel berichtet von kinderlosen Frauen, die sich nach Kindern sehnen, und von Müttern, die es nicht ganz leicht haben. Angefangen von der Mutter des Mose, die ihr Kind aussetzt, bis zu Maria, die unter schwierigen Umständen Mutter wird, wissen die Geschichten der Bibel von der Rabenmutter, der Spätgebärenden, der Kinderreichen, der Adoptivmutter. Die verschiedenen biblischen Mütterbilder eröffnen überraschende Perspektiven für unser Leben in der Gegenwart. Margot Käßmann erzählt von den Müttern der Bibel und verbindet die Geschichten mit dem heutigen Leben.

Die Autorin

Margot Käßmann, Dr. theol., Dr. h. c., geboren 1958, 1999 bis 2010 Landesbischöfin der Evangelisch-Lutherischen Landeskirche Hannovers, 2009/10 Vorsitzende des Rats der Evangelischen Kirche in Deutschland (EKD). Zahlreiche erfolgreiche Veröffentlichungen. Margot Käßmann ist Mutter von vier Töchtern.

MARGOT KÄSSMANN

Mütter der Bibel

20 Porträts für unsere Zeit

HERDER

FREIBURG · BASEL · WIEN

Meiner Mutter und meiner Großmutter gewidmet

Inhaltsverzeichnis

Vorwort

In letzter Zeit gibt es ein großes öffentliches Gezänk um Mutterbilder. Ich bedauere das, denn die Erfahrung als Mutter hat mich in meinem Leben tief beeinflusst. Deshalb wünsche ich mir, dass Mutter-Sein geachtet wird, in einer Vielfalt von Lebensformen, und in Freiheit gestaltet werden kann. Es geht doch darum, Frauen zu ermutigen, Mutter zu werden! Stattdessen gibt es massive Festlegungen von außen: Verzichten Mütter auf eine Berufstätigkeit, um sich der Erziehung ihrer Kinder zu widmen, werden sie schnell als „Heimchen am Herd" abqualifiziert. Und das hat dann wiederum Konsequenzen für ihre Akzeptanz und spätere Berufstätigkeit. Auf eine Stelle in unserer Kirche, die kürzlich zu besetzen war, bewarb sich eine Frau, die genau das gemacht hatte, was viele wünschen: Sie war für sieben Jahre aus dem Berufsleben ausgeschieden und hat sich ganz ihren beiden Kindern gewidmet. In dem Gremium, das über die Anstellung zu entscheiden hatte, gab es an ihrer qualifizierten Ausbildung keine Zweifel, niemand stellte eine Nachfrage. Aber es hieß: Wir müssen sie doch erst einmal wieder in die Arbeitswelt integrieren. Bedeutet das also, Frauen, die Familienarbeit leisten, werden angesehen, als befänden sie sich geradezu auf einem anderen Stern?

Sind Frauen mit Kindern dagegen berufstätig, gelten sie in Deutschland als „Rabenmütter"; auch der noch stärker herabsetzende Begriff der „Gebärmaschine" gelangte in jüngster Zeit in die Öffentlichkeit. Solche Frauen werden geradezu als verantwortungslose Egoistinnen abgetan, die ihre Kinder so schnell wie möglich loswerden wollen und sich nicht um sie kümmern, weil sie sich selbst verwirklichen möchten. Mit der Realität von berufstätigen Müttern haben diese Bilder nichts zu tun, sie werden weder ihrem Engagement für ihre Kinder gerecht noch der Qualität von Kindertageseinrichtungen.

Verzichten Frauen aber auf Kinder, können sie schnell als „karrierefixierte Zicken" deklassiert werden. Manche vierzigjährige Frau muss sich in unserem Land kritischen Blicken und Fragen stellen: zu egoistisch, um ein Kind zu bekommen? Dass vielleicht der Partner fehlt, mit dem Elternschaft in den Blick genommen werden kann; dass es gesundheitliche Probleme gibt oder der Beruf auch einen legitimen ganz eigenen Raum einnimmt, wird nicht wahrgenommen. Jedes siebte Paar in Deutschland ist ungewollt kinderlos – eine Belastung ganz eigener Art. Und die Frage darf ja gestellt werden: Muss jede Frau Mutter sein, um ein erfülltes Leben zu haben? Welche Rolle spielen eigentlich die Männer bei alledem?

Angesichts dieser Diskussionen dachte ich: Rabenmütter, Gebärmaschinen, Heimchen am Herd … es gibt sie alle doch auch schon in der Bibel! Dass in ihr archetypische Gestalten, Grundkonstellationen menschlicher

Beziehungen beschrieben sind, finde ich immer neu spannend. Diese alten Geschichten sind so aktuell, dass wir darin Vorbilder und eine Vielfalt von Lebensentwürfen finden können! Lebensentwürfe, über die Gott nicht richtet, sondern die er begleitet. Es sind Lebenswege, die, geplant oder ungeplant, einen je eigenen Verlauf nehmen – damals wie heute.

So habe ich mich auf die Spur der „Mütter der Bibel" begeben. Es hat mich fasziniert, was es da alles zu entdecken gab, obwohl ich meinte, die meisten der Geschichten zu kennen. Am Ende war Begrenzung notwendig, und deshalb habe ich mich auf zwanzig Frauengestalten beschränkt und sie schlicht alphabetisch geordnet. So ist eine bunte Reihe entstanden. Es gibt jedoch noch einige, bei denen es sich gelohnt hätte, weiter nachzufragen: Könnten wir nicht etwa die Purpurhändlerin Lydia, von der die Apostelgeschichte erzählt (16,14ff.), als berufstätige Mutter bezeichnen? Von ihren Kindern wird nicht explizit berichtet, aber es heißt, dass sie sich mit ihrem „ganzen Haus" taufen ließ. Also waren da wohl auch Kinder ...

Und gerne hätte ich den Hebammen der Bibel ein Kapitel gewidmet und damit einer Mütterlichkeit, die sich als weiblicher Beistand für Mütter zeigt. In der Bibel werden Hebammen auch „Wehmütter" genannt (1. Mose 38,28). So ein schöner Begriff! Die Wehmütter stehen Frauen bei, Mutter zu werden, sie sind in ihrer „schwersten Stunde" da, begleiten sie während der Schmerzen, die eine Geburt mit sich bringt. Sie sind wagemutig wie Schifra und Pua (2. Mose 1,15). Sie sind erfinderisch – etwa wenn sie, in Zeiten lange vor dem Ultraschall, bei der Geburt feststellten, dass da Zwillinge geboren werden, und dem ersten Baby noch im Mutterleib einen roten Faden um die Hand banden (1. Mose 38,38)! Denn für das Erbrecht etwa war es entscheidend, wer der Erstgeborene ist. Während der Arbeit an diesem Buch sind mir die Hebammen der Bibel immer wieder aufgefallen. Ihnen haben die Mütter sich anvertraut. Sie besaßen eine tradierte tiefe Weisheit, was das Gebären betrifft und wie das neue Leben zu schützen ist.

Manches mehr wäre spannend gewesen – etwa die Geschichte von Jeftah, dem „Sohn einer Hure", den Gilead gezeugt hatte und der offenbar in dessen Haus mit seinen ehelichen Söhnen aufwuchs (Richter 11,1). Was für eine Konstellation! Da sage noch jemand, Patchworkfamilien seien eine Erscheinung der Neuzeit.

Mir ist bewusst, dass ich mich zwischen den alten Texten und der aktuellen Situation manches Mal sehr frei bewegt habe. Das vorliegende Buch will keine wissenschaftliche Darstellung sein. Mir liegt vor allem daran, dass wir die biblischen Geschichten zum Leben erwecken, in ihnen Bezüge zu uns selbst und unserer Situation entdecken. Denn genau das zeichnet die Bibel aus: Sie erzählt Geschichten, Urgeschichten von Menschen und ihrem Leben, ihrem Glauben, die die Menschheit bis heute bewegen. Das gilt auch für die Erfahrung von Müttern. Es sind nicht immer tröstliche, freundliche, auf Anhieb hilfreiche Geschichten! Das mag für manche irritierend sein. Mich hat es eher in meinem Verständnis der Bibel bestärkt, dass sie eben keine heile Welt malt, sondern um das Menschsein des Menschen mit all den Möglichkeiten und all den Schwächen weiß. Es geht um ein realistisches Menschenbild. Und um den Glauben, dass wir uns auch im eigenen Scheitern Gott anvertrauen können.

Sicher werden sich manche fragen, ob ich dabei nicht zu gewagt assoziiert habe. Wurde Batseba vergewaltigt? Doch was geschieht einer Frau, die einem Mächtigen, dem König des Landes, „zugeführt" wird, bloß weil er sie beim Baden schön fand? Darf Hanna wirklich als Rabenmutter bezeichnet werden? Genau das aber würde unsere Gesellschaft, die schon Krippenplätze kritisiert, bei einer Frau tun, die ihren dreijährigen Sohn in völlig fremde Hände, quasi in ein Früh-Internat, gibt. War Eva eine verwaiste Mutter? Wie anders sollte sie sich gefühlt haben nach Abels Tod? Es ist gut, die biblischen Gestalten auch neu und mit frischem Blick anzuschauen, anstatt immer nur vorgegebene Pfade der Wahrnehmung einzuschlagen.

In der ökumenischen Bewegung habe ich dazu viel gelernt. Ich fand es manches Mal überraschend, wie anders biblische Geschichten von Menschen verstanden wurden, die sie in anderen Kontexten gelesen hatten. Dafür bin ich dankbar. Vor allem die Weltgebetstagsbewegung hat viele Frauengestalten der Bibel auf ganz neue Weise wunderbar entdeckt, davon können wir lernen. Und schließlich hat die von Frauen betriebene Theologie auch die weibliche und die mütterliche Seite Gottes zur Sprache gebracht. Ein neuer Gedanke, der viele provoziert. Ein biblischer Gedanke aber, da Gott nie festgelegt wird auf unsere Bilder, sondern mütterlich ist und väterlich, dem Menschen zugewandt.

So hoffe ich, dieses Buch trägt zu einer Entdeckungsreise bei, die offen ist, Neues in der Bibel wahrzunehmen, und dazu anregt, die Bibel auch selbst in die Hand zu nehmen und nachzulesen. Manches konnte aufgrund des begrenzten Umfangs in den Kapiteln dieses Buches gar nicht angemessen nacherzählt werden. Es ist immer wieder ungeheuer spannend, in der Bibel auch heute noch auf so bewegende Gestalten zu treffen, nachzufragen, zu sehen, wie ihre Beziehungen, wie das Leben auf elementare Weise entfaltet wird. So war die Suche nach Müttern der Bibel auch für mich selbst eine große Bereicherung. Viele vermeintlich bekannte Texte fand ich erfrischend fremd. Verwunderung über die mutigen Formen der klaren Darstellung hat sich gemischt mit tief empfundenem Mitleiden mit diesen Geschichten der Mütter unseres Glaubens, wenn wir diese archetypischen Gestalten als Frau, als Mutter einmal individuell wahrnehmen. So habe ich selbst jedenfalls manche Frau, manche Erzählung und vor allem immer wieder ein tiefes Gottvertrauen entdeckt. Dieses Gottvertrauen über alle Freuden und Schrecken des Lebens hinweg ist ganz gewiss der rote Faden der Bibel. Und diesem in der Bibel bezeugten Gott kann ich auch mich und meine eigenen Kinder anvertrauen – wohl wissend um all meine Fehler und Unzulänglichkeiten als Mutter. Das haben unsere Mütter im Glauben getan, darauf vertrauen heute Mütter in aller Welt.

Die Mütter der Bibel sind so auch eine Entlastung für uns heutige Mütter – keine kommt perfekt daher, alle stecken sie in ihrer je eigenen und bisweilen belastenden Situation. Vielleicht kann eine Wahrnehmung, die aus biblischen Zeiten hineinreicht in unsere Tage, manche hitzige Debatte entspannen: Mütter sind verschieden, die Umstände, unter denen sie Kinder bekommen, ebenfalls – und erst recht sind die Kinder in der Regel ganz anders als erwartet. Und dennoch ist es ein wunderbares Erlebnis, Mutter zu sein und Mütterlichkeit zu leben: als leibliche Mutter, als Adoptivmutter oder mit Blick auf eine soziale oder auch geistige Rolle, in der Mütterlichkeit gefragt ist.

Ein Letztes: Mütter und Großmütter sind es meist, die den Glauben tradieren, die Liebe zu Gott vermitteln, das Vertauen zu Christus lehren. Ihnen allen sei dafür gedankt mit diesem Buch.

Margot Käßmann, Juni 2008

Batseba
Mutter durch Gewalt

2. Samuel 1,1ff.

Das werde ich nie vergessen: die Gesichter und der Anblick von Frauen, die im Jugoslawienkrieg systematisch vergewaltigt worden waren, und die Gespräche mit ihnen. Es war 1992, ich habe sie für den Ökumenischen Rat der Kirchen in Kroatien in Lagern, in denen sie lebten, mit einer Frauendelegation besucht. Viele waren vor den Augen ihrer Ehemänner vergewaltigt worden. Manche Ehemänner wurden anschließend getötet, andere Frauen erlebten, dass ihre Männer sie verließen. Etliche dieser Frauen waren schwanger. Die meisten wollten dieses Kind nicht zur Welt bringen, aber es gab keine Möglichkeit zur medizinisch begleiteten Abtreibung. Manche versuchten, die Schwangerschaft mit Stricknadeln zu beenden. Apathie und Scham, Wut und selbstzerstörerisches Handeln – alle Facetten des Versuchs, mit dem Grauen dieser Erfahrung weiterzuleben, konnte unsere Delegation wahrnehmen. Der Hass auf die Täter wurde für viele zum Hass auf sich selbst und zum Hass auf das Kind, das in ihnen heranwuchs. Es zeichnete sich eine Spirale der Traumatisierung ab – die natürlich auch bereits Auswirkungen hatte auf das Ungeborene.

Es spricht für den Realismus der Bibel, dass sie auch solche Situationen kennt. Ganz menschlich, allzu menschlich geht es zu. Von David, dem König Israels, wird im zweiten Samuelbuch erzählt, dass er Batseba sieht, wie sie sich wäscht. Sie gefällt ihm, denn sie „war von sehr schöner Gestalt" (11,2). Er ist der große Herrscher, er kann über Frauen befehlen – und er lässt Batseba zu sich kommen. Geradezu lapidar wird das in einem Vers erzählt: „Und David sandte Boten hin und ließ sie holen. Und als sie zu ihm kam, wohnte er ihr bei …" Was sollte Batseba tun? Hat sie sich gewehrt? Wie, gegen den König? Sie wird geholt …

Batseba wird schwanger. Sie aber ist verheiratet mit Uria, der Davids Untergebener und Soldat ist. David versucht zunächst, sich mit Geschenken von der eigenen Schuld freizukaufen, dann, das Kind Uria unterzuschieben. Doch diese Versuche scheitern. Schließlich greift David zu einer mörderischen List und lässt Uria in der nächsten Schlacht so direkt und schutzlos im Angriff stehen, dass dieser getötet wird. Der Rivale ist tot. Batseba trauert und hält Totenklage. Hat sie ihren Mann geliebt? War sie verzweifelt? Was sollte werden? Davon erzählt die Bibel nichts. Sie berichtet nüchtern: Nach der Anstandsfrist der Totenklage lässt David Batseba holen, er nimmt sie zur Frau, und sie gebiert einen Sohn.

Dieses Kind hat in der Bibel keinen Namen. Das ist erstaunlich für biblische Erzählungen, gerade bei einem Sohn. War es der Skandal der Zeugung des Kindes in dieser furchtbaren Konstellation des Unrechts, der den Namen ungenannt sein ließ? Wie mag es Batseba ergangen sein, dort am Hofe des Königs, schwanger, soeben verwitwet, dem Getuschel aller ausgesetzt, ganz schnell wieder verheiratet, noch während der Schwangerschaft? Darüber wird nichts erzählt. Nach meinen Gesprächen mit den Frauen in Kroatien denke ich: Batseba wird sich schuldig gefühlt haben, schuldig an der Vergewaltigung und am Tod ihres Mannes. So absurd dieser Gedanke bei rationaler Betrachtung hilfloser Opfer in einem Gewaltgeschehen ist, so wirklich sind diese Gefühle offenbar immer wieder für vergewaltigte Frauen: Ich habe Schuld daran. Wenn mein Mann sich von mir abkehrt, ist es auch mein Versagen. Und wie konnte es schließlich dazu kommen, dass David Batseba attraktiv fand? Hat sie sich nicht genügend verborgen, als sie badete? Hätten sich die Frauen im Krieg nicht besser schützen können?

Es tut weh, solche Selbstvorwürfe zu hören. Sie sind absurd. Der Täter ist der Vergewaltiger, die Opfer sind die Frau und manches Mal eben auch ein ungeborenes Kind. Vergewaltigung geschieht täglich. Immer fügt sie der Seele einer Frau tiefen Schaden zu. Entwickelt sich aus einer Vergewaltigung eine Schwangerschaft, so ist das eine Situation, die für eine werdende Mutter kaum zu bewältigen ist. Die Schwangerschaft ist ja das sichtbare Zeichen für die Gewalt, die ihr angetan wurde, für die Tat, die sie im Innersten verletzt hat. Und so geht mit dieser Schwangerschaft oft eine tiefe Ablehnung des Kindes einher. Wir wissen heute, wie sehr ein Kind schon in diesen neun Monaten des Werdens und Wachsens geprägt wird, und uns ist deutlich: die Spirale der Gewalt überträgt sich auf die nachfolgende Generation. Wird das Kind geboren, so lehnt die Mutter es in der großen Mehrzahl der Fälle vehement ab. Viele dieser Kinder haben später massive Probleme, Lebenszuversicht zu gewinnen.

Batsebas Kind stirbt. In der Bibel wird der Tod des Babys als Gottes Vergeltung für die begangene Schande angesehen. Wie aber mag Batseba das erlebt haben? Wer diese wenigen Verse über sie liest, hat den Eindruck einer durchweg traumatischen Erfahrung: Vergewaltigung,

Schwangerschaft, Tod des Ehemannes, Geburt, Tod des Kindes. Und dann geht es weiter mit einer Wende. So erzählt es die Bibel: „Als David seine Frau Batseba getröstet hatte, ging er zu ihr hinein und wohnte ihr bei. Und sie gebar einen Sohn. Den nannte er Salomo. Und der Herr liebte ihn." (12,24)

„Als David seine Frau Batseba getröstet hatte" – das ist ein ermutigender Satz. Er deutet an, dass David Batseba nicht nur sexuell begehrte, sondern offenbar liebte. Und ja, sie wird erneut Mutter eines Sohnes. Dieser Sohn wird schließlich König von Israel werden. Darauf war Batseba sicher auch stolz. Wie hat sie das Leid verarbeitet, die Gewalt, den Tod des Ehemannes, des ersten Sohnes? Nichts sagt die Bibel darüber, es interessiert allein die Erbfolge, nicht, was am Rande geschieht und wer womöglich verletzt zurückbleibt. Umso bedeutsamer ist darum die kleine Bemerkung des tröstenden Beistehens: Sicher war es eine wichtige Ermutigung, die Batseba von David erfahren hat. Erst später berichtet die Bibel wieder von Batseba. Als Mutter des Königs Salomo hat sie sich offenbar kräftig in das politische Geschehen eingemischt …

Eine Vergewaltigung aber ist und bleibt ein grauenvolles Erlebnis, das nur schwer geheilt werden kann.Das war damals so, und so ist es heute. Gewalt gegen Frauen in der Ehe und außerhalb der Ehe bleibt ein aktuelles Thema. Eine Frau, die durch eine Vergewaltigung schwanger wird, hat ein sehr ambivalentes Verhältnis zu ihrem Kind. Das muss gesagt werden können – es wird allzu selten thematisiert. Fiktiv verarbeitet kenne ich es aus dem Roman „Jauche und Levkojen" von Christine

Brückner. Die Autorin erzählt von Maximiliane von Quindt, die auf der Flucht aus Hinterpommern von einem Russen aus Kirgisien vergewaltigt wird – und die es ertragen kann, weil er sagt: „Komm, kleine Frau." Maximiliane erkennt darin eine kaum wahrnehmbare Form der Freundlichkeit; in all dem Grauen steht ein so unscheinbares Adjektiv für Menschlichkeit. So, wie es das Buch darstellt, gelingt es Maximiliane, das Grauen zurückzustellen und ihr Kind zu lieben.

Das ist aber wohl nur sehr selten möglich. Warum Batsebas Sohn stirbt, wissen wir nicht. Wie viele Frauen ihr Kind nach einer Vergewaltigung abtreiben, auch das bleibt im Dunkeln. Gott verabscheut nach der biblischen Erzählung die Vergewaltigung, und mehr noch die Ermordung von Uria. David sieht den Tod seines Sohnes als Strafe für sein Tun. Von Batsebas Gefühlen ist keine Rede. Dafür reichen sie nicht aus, die patriarchalen Erzählfäden der Bibel. Doch dass Batseba beim Namen genannt wird, dass ihr Schicksal in die Geschichte eingeht, ist wichtig. Es macht deutlich: Frauen erleiden damals wie heute Gewalt. Damals wie heute müssen sie erleben, dass es ungewollte Schwangerschaften gibt. Damals wie heute bleibt das ein ungelöstes Problem.

Hätte Batseba wohl am liebsten abgetrieben, oder war sie stolz, das Kind des Königs zu tragen? War sie froh, dass Urias Tod für sie den Weg frei machte, Davids Frau zu werden? Oder war sie einfach nur todunglücklich, in diese Lage geraten zu sein? Hat sie ihr Kind in der Schwangerschaft und nach der Geburt so sehr abgelehnt, dass der Tod des Kindes die Folge von Vernachlässigung oder empfundener Ablehnung war – oder hat sie dieses

Kind geliebt, und ihr ganzes Unglück hat sich durch seinen Tod noch gesteigert? All diese Fragen beantwortet die Bibel nicht. Doch sie weiß von dem Bösen, das eine Vergewaltigung nach sich zieht. Sie weiß, dass das Leben oft nicht heil ist, dass es aber Trost geben kann und ein Neuanfang möglich ist.

Elisabeth

Spätgebärende Mutter

Lukas 1, 5ff.

Kinder bekommen, das ist keine Selbstverständlichkeit, auch wenn ein Paar sich das sehnsüchtig wünscht. Von Elisabeth erzählt die Bibel wie von Sara und Hanna als Frauen, die darunter leiden, dass sie keine Kinder bekommen. Wie heute, war auch damals das Thema „Kinder oder nicht?" eines, das die Menschen in ihrem Leben umgetrieben hat. Wenn auch nicht im Sinne von Wahlfreiheit.

Elisabeth und ihr Ehemann Zacharias werden als fromm, untadelig und „hochbetagt" beschrieben, Elisabeth wird zudem als „unfruchtbar" bezeichnet. So wie das in der Bibel klingt, haben wir ein liebenswertes älteres Paar vor Augen, das mit dem Kinderwunsch abgeschlossen hat. „Hochbetagt" hatte in Zeiten einer viel geringeren Lebenserwartung sicher eine andere Bedeutung als heute, vielleicht waren die beiden zwischen vierzig und fünfzig.

Zacharias ist Priester und begegnet eines Tages im Tempel einem Engel. Der sagt ihm, seine Gebete würden erhört, seine Frau würde einen Sohn bekommen, den er Johannes nennen soll. Zacharias kann das nicht glauben. Der Engel sagt ihm weiter, Zacharias würde bis zur Geburt stumm sein …

Elisabeth wird schwanger. Was für eine Erfahrung wird das gewesen sein? Ob ihr Mann mit Gesten oder schriftlich von seiner Erfahrung berichtet hat? Vielleicht hat ihre Periode ausgesetzt und sie hat überlegt, ob dies nun der Anfang des Klimateriums sei, weil eine Schwangerschaft gar nicht mehr in ihrem Erwartungshorizont lag, weil sie mit dieser Lebensperspektive abgeschlossen hatte? Erstaunen über dieses Wunder wird sich bei ihr breitgemacht haben.

Die Geschichte erzählt, dass Elisabeth sich fünf Monate lang „verbirgt". Das ist gut verständlich. Wie lange hat sie sich – in Zeiten ohne Ultraschall – wohl gefragt, ob sie wirklich an eine Schwangerschaft glauben soll? Sie war noch nie schwanger, sie wusste nicht, wie es sich anfühlen würde. Und sie misstraute sicherlich auch allen körperlichen Signalen. Wahrscheinlich war ihr später auch bewusst, wie gefährdet eine Frühschwangerschaft ist: Elisabeth befürchtet also, die Schwangerschaft könnte durch eine Fehlgeburt frühzeitig beendet sein. Ihr Mann, Zacharias, ist seit dem Erscheinen eines Engels, der die Geburt ankündigte, verstummt. Welche Angst mögen die beiden gehabt haben! Welche Freude aber auch!

Diese ersten Monate sind äußerst kritisch. Und wenn du schon allen von der Schwangerschaft erzählt hast, sind Kummer und Demütigung noch größer, wenn sie zu einem vorzeitigen Ende kommt. Wie vorsichtig ging Elisabeth mit dem Geschehen um! Dass der unerfüllte Kinderwunsch für sie eine große Last war, ist aus den knappen Worten zu lesen, die von ihr aus diesen Monaten berichtet werden: „So hat der Herr an mir getan in den Tagen, als er mich angesehen hat, um meine Schmach unter den Menschen von mir zu nehmen." (1,25)

Schmach hat sie empfunden – und damit steht Elisabeth stellvertretend für Frauen durch die Jahrhunderte hindurch und um den ganzen Globus herum, die sich sehnlichst ein Kind wünschen und die nicht schwanger werden oder Fehlgeburten erleiden. Bis heute ist das auch in den reichen Industrienationen ein tabuisiertes Thema. Mit wem darüber reden, was es heißt, Kinderwagen zu sehen, Mütter mit ihren Kindern auf Spielplätzen, Schwangere, lauter scheinbar glückliche Eltern, wenn du selbst sehnsüchtig auf ein Kind wartest, vielleicht Monat für Monat hoffst und Monat für Monat abgrundtief enttäuscht bist? Da kann Bitterkeit entstehen: „Warum werden die andern so leicht schwanger und ich nicht?" Der unerfüllte tiefe Wunsch belastet auch eine Partnerschaft, kann das Leben ohne Perspektive erscheinen lassen. Die guten Ratschläge der anderen sind oft auch noch zu ertragen. Zusätzlich geraten Frauen in unserem Land des Geburtenrückgangs unter Rechtfertigungsdruck: Warum hast du kein Kind? Ein Teufelskreislauf von Sehnsucht, Enttäuschung und Erklärungsnot kann entstehen, der das ganze Leben belastet, der mürbe macht, demütigt.

Jede siebte Ehe in Deutschland ist ungewollt kinderlos, Paare, die sehnsüchtig auf Nachwuchs warten, müssen mit großen Enttäuschungen leben. Frauen nehmen heute in der Hoffnung auf eine Schwangerschaft oft schwierige und schmerzhafte Prozeduren auf sich, das Entnehmen einer Eizelle, Invitro-Fertilisation, Geschlechtsverkehr nach Plan. Alles beginnt um den Gedanken zu kreisen: Wenn ich ein Kind hätte …! Kinderwunschbehandlungen sind gewiss kein Wellnessprogramm, meistens stellen sie eine große Belastung dar, seelisch und auch finanziell.

Elisabeth kannte all diese medizinischen Methoden noch nicht. Aber die Sehnsucht nach einem Kind, das Unglück über die eigene Unfruchtbarkeit – die Grundwahrnehmung dieser Gefühle war damals dieselbe wie bei Frauen heute. Stellt sich eine späte Mutterschaft ein, so ist das meist ein besonderes Glück. Ich finde es schwierig, wenn eine Frau, die spät Mutter wird, kritisch beäugt wird, weil Außenstehende meinen, sie sei zu alt und womöglich den Herausforderungen, die ein Kind und später dessen Pubertät mit sich bringen, nicht gewachsen. Zwar ist das grundsätzliche Risiko einer sogenannten Spätgebärenden höher; dafür sind viele reifere „junge Mütter" gelassener und geduldiger mit ihren Kindern. Frauen, die lange auf eine Schwangerschaft gewartet haben, nehmen sie bewusster wahr. Und immer mehr Frauen in unserem Land werden heute erst spät Mutter, weil sie zunächst eine Ausbildung und berufliche Karriere verfolgen oder weil Paare deutlich später heiraten als früher. Ältere Mütter wurden früher vor allem bedauert, schon 36-Jährige, die ein Kind bekamen, galten als alt. Heute wird späte Mutterschaft eher zur Normalität. Viele ältere Mütter strahlen eine größere Ruhe aus, sie haben im Leben schon viel erlebt, sie haben kaum die Angst, etwas zu verpassen. Hat die frühe Mutterschaft den Vorteil der Unbefangenheit, so hat die späte Mutterschaft den Vorzug der Reife, des schon ausbalancierten Lebens. Das sind zwei sehr verschiedene Lebenswege. Eine Frau, die jung Mutter wird, kann Schwangerschaft und Geburt meist unbekümmerter erleben und erfährt auch früher wieder eine gewisse Freiheit von der Versorgung der Kinder. Eine Frau, die in der Schwangerschaft bereits älter ist, freut sich dafür oft ganz besonders auf dieses Kind, nimmt jeden Schritt bewusst wahr, erlebt diese Lebenschance als großes Geschenk.

Ich denke allerdings auch, dass es natürliche Altersgrenzen gibt – das Klimakterium markiert diese Grenze: Dass eine Frau mit 65 Mutter wird, wie kürzlich in Italien, ist mit Blick auf das Kind kaum zu verantworten. Da muss die Frage gestellt werden: Geht es hier um die Wunscherfüllung einer Frau oder geht es um Verantwortung für ein Kind? Ebenso gilt das allerdings auch für sehr alte Väter, die gesellschaftlich offenbar viel eher akzeptiert sind als alte Mütter.

Wesentlich dramatischer ist das Ausbleiben einer Schwangerschaft in Ländern, in denen nur ein Kind einer Frau Ehre und Schutz verleiht. Khaled Hosseini beschreibt in seinem Buch „Tausend strahlende Sonnen" auf beklemmende Weise, wie entsetzlich brutal das Leben für eine Frau in Afghanistan ist, die ihrer „Gebärpflicht" nicht nachkommt. Aus vielen muslimisch geprägten Ländern, aber auch aus Indien oder Äthiopien gibt es grauenvolle Geschichten über das Elend von Frauen, denen eine Schwangerschaft versagt bleibt. Bei Elisabeth fehlten Ansehen und Ehre. Bei manch anderer Frau geht es geradezu um die Daseinsberechtigung in ihrer Gesellschaft.

Als Elisabeth im sechsten Monat schwanger ist, wird sie von ihrer Verwandten, der schwangeren Maria, besucht. Es heißt in der Bibel, dass Elisabeth spürt, wie das Kind in ihrem Leibe hüpft, als Maria kommt. Maria ist wesentlich jünger und steht noch ganz am Anfang ihrer Schwangerschaft. Elisabeth ist älter, und ihre Schwangerschaft befindet sich im letzten Drittel.

Drei Monate wird Maria bleiben, also bis kurz vor Elisabeths Geburtstermin und bis zu dem Zeitpunkt, an dem ihre eigene Schwangerschaft sichtbar wird. Intensive Wochen werden das für die beiden werdenden Mütter gewesen sein! Und es wundert nicht, dass auch die beiden heranwachsenden Söhne sich später einmal sehr nahe sind. Über ihr Glücksgefühl und ihre Ängste werden beide Frauen sich ausgetauscht haben, die Furcht vor Komplikationen wird genauso Thema gewesen sein wie das Lachen über die ersten Bewegungen, die Elisabeth spürt, und die Frage, wie die Väter sich verhalten werden. Frauen in der Schwangerschaft haben großen Redebedarf. Dass das Herz und der Kopf dabei durchaus auch von anderem bewegt sind, davon zeugt das Lied Marias, in dem sie ihrer persönlichen Freude ebenso Ausdruck verleiht wie ihrer Hoffnung auf Änderung der politischen Verhältnisse. Das Magnificat (Lukas 1,46–55) ist eines der schönsten Lieder der Bibel.

Elisabeth wird es später ertragen müssen, dass ihr Sohn Johannes einen sehr besonderen Weg geht, ja dass er am Ende ermordet und sein Kopf zur Schau gestellt wird. Er hatte eine besondere Beziehung zu Jesus, den er schon im Mutterleib durch die Verbindung der Mütter kennenlernte und den er, erwachsen geworden, taufte. Viele Menschen muss er sehr beeindruckt haben, er selbst hat sich als eine Art Wegbereiter für Jesus gesehen. „Stark im Geist" war dieser Johannes, so erzählt es das Lukasevangelium. Das hat er sicher auch seiner Mutter Elisabeth zu verdanken.

Ester
Mutter des Volkes

Buch Ester

Ester ist eine besondere Erscheinung in der Bibel: Über keine Frau wird so viel berichtet. Und anders als bei fast allen anderen Frauen, von denen die Bibel erzählt, kennen wir ihren Namen, aber wir wissen nicht, ob sie Mutter war oder nicht. Das ist ungewöhnlich, drehen sich doch die anderen Geschichten – vor allem im hebräischen Teil der Bibel – immer wieder ums Mutterwerden, Muttersein, um die Frage: Kinder – Ja oder Nein?

Die Geschichte der Ester ist bis heute spannend zu lesen. Ihre Eltern sterben, und Mordechai, ein Cousin – Esters Vater war sein Onkel – nimmt sie als ihr Pflegevater auf. In dieser Zeit hat der persische König Ahasveros seine Frau Waschti verstoßen, da diese sich geweigert hatte, auf seinen Befehl hin vor ihm und seinen Gästen zu tanzen. Spannend nachzulesen ist es, wie beraten wird, was mit der renitenten Frau zu tun sei. Das Ergebnis der Beratungen ist ein Erlass an alle Länder des Königs, „dass ein jeder Mann der Herr in seinem Hause sei" (1,22). Dass es notwendig war, dies per Erlass zu klären, lässt etwas schmunzeln, finde ich. Es zeigt: die Frauen jener Tage waren durchaus selbstbewusst!

Allerdings wird Waschti die königliche Würde genommen, und die schönsten Mädchen des Landes werden nach Susa an den Hof des Königs geholt. Ein ganzes Jahr(!) ist der Vorbereitung und Schönheitspflege gewidmet. Dann holt Ahasveros eine nach der anderen in sein Bett, anschließend kommen sie in das Haus der Nebenfrauen, wo sie nun ihre Zeit damit verbringen, darauf zu warten, ob der König sie noch einmal rufen lässt.

Ester kommt ebenfalls an den Hof, sie wird zum König gebracht – und er „gewann Ester lieber als alle anderen Frauen ... und er setzte die königliche Krone auf ihr Haupt und machte sie zur Königin an Waschtis Statt". Das ist der Stoff, aus dem die Märchen entstehen! Was Ester dem König über all dem märchenhaften Geschehen allerdings verschwiegen hat, ist, dass sie jüdischer Herkunft ist. Sie gehört zu dem Volk, das Ahasveros' Vorgänger, Nebukadnezzar, gefangen genommen und aus Jerusalem und Juda weggeführt hat. Viele Jüdinnen und Juden lebten im Exil des persischen Reiches; sie waren dort verstreut und offenbar nicht wohlgelitten, wie es Flüchtlingen und Minderheiten immer wieder geschieht. Wäre ihre Zugehörigkeit zum „Volk der Juden" unproblematisch gewesen, hätte Ester sie dem König wohl kaum auf Mordechais Rat hin verschwiegen.

Und tatsächlich zeigen sich die Schwierigkeiten schon bald: Haman, der erste Mann des Königs, ärgert sich über Mordechai, weil der seine Knie nicht vor ihm beugt; er fällt nicht nieder, wenn Haman vorbeikommt. Um sich dafür zu rächen, überredet Haman den König, ein Dekret für ein Judenpogrom zu befürworten. Der König vertraut Haman, sieht die subjektiven Motive nicht und sagt seine Unterstützung in der Aktion gegen die Menschen jüdischen Glaubens zu. Davon erfährt Mordechai und appelliert in dieser Situation höchster Gefahr an die Verbundenheit Esters mit ihrem Volk. Sie stellt sich der Herausforderung, nimmt allen Mut zusammen, um den König um eine Unterredung zu bitten. Niemandem, auch ihr nicht, war es erlaubt, sich dem König zu nähern, solange er sie nicht holen ließ. Ahasveros lässt Ester kommen, und sie bittet ihn, das Dekret zurückzunehmen. Das tut er. Eine große Rolle spielt dabei, dass er erkennt, wie Mordechai ihn einst vor einem Attentat bewahrt hat.[1]

Dass die Juden im Land verschont bleiben, ist vor allem Esters Verhandlungsgeschick zu verdanken. Sie tritt im entscheidenden Moment vor den König und sagt: „Gefällt es dem König und habe ich Gnade gefunden vor ihm, und dünkt es den König recht und gefalle ihm, so möge man die Schreiben mit den Anschlägen Hamans … widerrufen, die er geschrieben hat, um die Juden umzubringen in allen Ländern des Königs. Denn wie kann ich dem Unheil zusehen, das mein Volk treffen würde?"

Sie tut also ein Doppeltes: Sie erklärt nicht, was zu tun sei, sondern sie appelliert an des Königs eigene Entscheidungsfähigkeit. Und sie stellt sich zu ihrer Herkunft, zu ihrem Volk, zeigt sich solidarisch mit denen, die in Gefahr sind. Sie schweigt nicht, um ihr eigenes Leben zu retten – im Gegenteil, sie verschweigt nicht, im Letzten ja auch selbst vom Pogrom betroffen zu sein. Dazu gehört großer Mut!

Ester zeigt auf diese Weise eine Mütterlichkeit, bei der es weniger um biologische Mutterschaft geht, sondern um Verantwortung für andere. Das ist eine Mütterlichkeit, die sich als Zuständigkeit zeigt, als ein Sich-Einmischen für andere – vielleicht etwas, was im Begriff „Landesmutter" ausgedrückt ist. Mir ist sehr wichtig, auch von solcher Mütterlichkeit zu sprechen, von Müttern im Glauben oder Müttern der Geschichte, die Vorbilder sind, auch wenn sie selbst keine leiblichen Kinder haben. Solche Mütterlichkeit können einzelne Menschen für andere zeigen – eine Patentante etwa, die ein Kind positiv beeinflusst. Eine Lehrerin, die zur Bildung ermutigt, eine beherzte Passantin, die eingreift. Oder eben auch Frauen im politischen Bereich. Oft sind ja Politikerinnen keine biologischen Mütter, weil sie Beruf und Familiengründung nicht vereinbaren konnten. Aber dennoch kennen und zeigen sie Mütterlichkeit im Sinne von Verantwortung, Beherztheit und Mut. Sie wissen, was es heißt, einzugreifen, um zu schützen, um Schaden abzuwenden, um zu fördern, was es heißt, zu steuern und zu gestalten.

Leider kann Ester nicht alles Blutvergießen verhindern. Die vom Pogrom Bedrohten rächen sich an denen, die sie vernichten wollten, die Söhne Hamans werden gehängt, Feinde in großer Zahl getötet. Die Rache Gott zu überlassen, dieser Gedanke findet offenbar keinen Raum. Frieden zu finden durch Versöhnung, dazu kann Ester ihr Volk in dieser Geschichte nicht überreden. Das aber wäre gewiss auch ein Anspruch an eine Frau in politischer Verantwortung, die eine mütterliche Rolle einnimmt. Und immer wieder hat es solche Frauen gegeben. Gegenwärtig ist Aung San Suu Kyi zu ihnen zu zählen, die birmesische Friedensnobelpreisträgerin, die seit vielen Jahren unter Hausarrest steht und doch dem von der brutalen Militärregierung unterdrückten Volk immer wieder Mut und Hoffnung gibt. Wer Bilder von ihr sieht, der erkennt, wie mächtig Ohnmacht sein kann, wie laut Schweigen reden kann, weiß, dass Angstfreiheit Gewalttätern Angst macht, dass durch

Schwachheit Ermutigung geschieht. Das ist die Rolle der Mutter eines Volkes, einer Landesmutter.

Mütterlich sein wie Ester können auch Frauen jenseits der aktuellen Politik. Ich denke an Hilde Schneider, deren Name kaum jemand kennt. 2008 habe ich die Trauerfeier für sie gehalten. Ihr Meldebuch ist ein lapidares Zeugnis einer schrecklichen Geschichte.[2] Darin ist amtlich dokumentiert, wie ihr die Menschenrechte nach und nach genommen werden: Zu ihrem Vornamen wird wegen ihrer jüdischen Herkunft „Sara" hinzugefügt, aus „L" wie „lutherisch" wird „Jüdin", das „Pr" für die preußische Staatsangehörigkeit wird durch „staatenlos" ersetzt. Der Eintrag vom 15.10.41, „unbekannt nach Riga abgeschoben", wird 1945 verändert in „KZ-Lager", und es werden schlicht die nächsten Adressen von Hannover über Göttingen bis Bremerhaven eingetragen. Ein Leben als Datei. Zahlen, die nur ahnen lassen, welche Demütigungen, welche Schrecken und Qualen dahinterstehen. Hilde Schneider hatte bei allem den Mut, im Lager mit den anderen Frauen die Bibel zu lesen, ihnen beizustehen, sie zu trösten – obwohl sie von der Kirche und der Henriettenstiftung, in der sie als Diakonisse ausgebildet worden war, aufgrund ihrer jüdischen Herkunft nicht geschützt wurde. Nach dem Krieg ging sie den schweren Weg des Theologiestudiums, das für Frauen noch lange nicht ins Pfarramt führte. Sie wurde schließlich nach langwierigen Kämpfen ordiniert und arbeitete 14 Jahre lang als Gefängnisseelsorgerin im Frauengefängnis Frankfurt-Preungesheim. Dort konnte sie über ihre eigenen Erfahrungen von Gefangenschaft sprechen, sie wird für viele Häftlinge zum Bezugspunkt, zur mütterlichen Figur, auch wenn sie selbst nie eigene Kinder hatte. Für Hilde Schneider war ihr Glaube der Halt, der ihr Lebenskraft und Orientierung gab in Zeiten, in denen nichts verlässlich war.

Ob der Glaube Ester Kraft gab? Davon ist in diesem biblischen Buch nicht die Rede. Dieser Mangel hätte das Buch fast aus dem biblischen Kanon der akzeptierten Bücher ausgeschlossen. Gott sei Dank aber wird am jüdischen Purimfest[3] an Königin Ester erinnert und deshalb blieb das Buch in der Bibel erhalten. Es ist die Erinnerung daran, wie eine mutige Frau die Vernichtung ihres Volkes stoppte und in die Geschichte eingriff. Indem sie mit dem Einfluss ihrer ganzen Persönlichkeit für eine Sache eintrat, die ihr notwendig und richtig erschien, und indem sie dabei die Bequemlichkeit eines hochprivilegierten Lebens, ja ihre persönliche Sicherheit aufs Spiel setzte, zeigte sie sich im besten Sinne mütterlich, mutig, kämpferisch.

Solche Vorbilder einer mütterlichen Lebenshaltung zeigen etwas von der Sorge für andere. Sie machen deutlich, dass Mütterlichkeit nicht Rückzug oder Weltfremdheit bedeutet, sondern Einmischung, Verhandlungsgeschick und Standhaftigkeit.

[1] *Die Geschichte ist ziemlich verwickelt, einige Wendungen und Wirren lasse ich hier aus. Ich kann Leserinnen und Leser nur ermutigen, das in der Bibel selbst nachzulesen!*

[2] *Vgl. Hartmut Schmidt, Von Riga nach Locarno, Berlin 2000.*

[3] *Haman hatte das PUR, das Los werfen lassen, um den Tag zu bestimmen, an dem das Töten seinen Lauf nehmen sollte.*

Eva
Verwaiste Mutter

1. Mose/Genesis 4, 1ff.

Eva – als die große Verführerin ist sie in die Geschichte eingegangen. Sie war diejenige, die auf die Schlange hörte und nicht auf Gott. Die Frau, die Adam dazu brachte, von der verbotenen Frucht zu essen.

Der Verfasser dieser Geschichte, dem zweiten Schöpfungsbericht der Bibel, will zeigen, wie durch die Menschen aus der wohlgeordneten Schöpfung das Chaos unseres Lebens geworden ist. Damit unterscheidet die Erzählung sich deutlich von der ersten Schöpfungsgeschichte, die davon berichtet, wie Gott aus dem Ur-Chaos die Ordnung der Welt von Licht und Finsternis, von Land und Wasser geschaffen hat.

Was ist der Mensch? Was ist der Sinn des Lebens? Warum gibt es Schuld, Leid, Mühe, warum den Tod? Warum ist das Leben nicht so, wie wir es in unseren Träumen sehen? Die zweite Schöpfungsgeschichte der Bibel versucht, auf diese Fragen Antworten zu geben. Sie erzählt, dass der Mensch im Ursprung ganz und gar umgeben war von der Fürsorge Gottes, mit klaren Grenzen und deutlichen Aufgaben. Das Böse zeigt sich erst, als der Mensch Gott den Gehorsam aufkündigt. Unwiederbringlich ist damit das Paradies, die unmittelbare Gottesnähe verloren. Die Geschichte von Kain und Abel, die folgt, berichtet von der Ausbreitung des Bösen. Es wird deutlich: Das biblische Paradies ist nicht nur ein Ort des Lebens, sondern enthält schon alles, was den Menschen gefährdet.

Erinnern wir uns: Die Schlange tritt als das klügste aller Tiere auf und verwickelt den „weiblichen Menschen", wie es im Hebräischen heißt – Martin Luther übersetzt „Männin" – in eine verhängnisvolle Diskussion. Sie übertreibt in Frageform das göttliche Gebot: „Sollte Gott gesagt haben, ihr sollt nicht essen von allen Bäumen?" Damit räumt sie dem weiblichen Menschen die Chance ein, sich dazu zu verhalten und die Sachlage richtigzustellen. Doch sie übertreibt noch weiter, fügt dem Ess-Verbot auch noch ein Berührungstabu hinzu: „Wir essen von den Früchten der Bäume im Garten, aber von den Früchten des Baumes mitten im Garten hat Gott gesagt: Esset nicht davon, rührt sie auch nicht an, dass ihr nicht sterbet!" (3,2f.).

Die Schlange betont die Missgunst Gottes, die Frau erliegt dem Reiz des Verbotenen. Der Mann ist nicht die entscheidend handelnde Figur, er macht einfach mit. Hier wird erzählt, was wir bis heute kennen und als ganz menschlich wahrnehmen: Der Mensch hat den Trieb, durch Überschreitung von Grenzen weiterzukommen. Das jüdisch-christliche Menschenbild ist sehr realistisch, es weiß von Anfang an um die Verführbarkeit und den Hang zur Grenzüberschreitung. Die Geschichte von Adam und Eva ist großartig in ihrer Darstellung, sie wird bis heute verstanden. Der folgenschwere Biss in die verbotene Frucht zwingt beide zum Griff nach dem Feigenblatt: Der Mensch, der alles haben wollte, der so sein wollte wie Gott, verkriecht sich unter den Büschen, fürchtet sich vor Bloßstellung. Aus der vertrauensvollen Gottesnähe ist Gottesfurcht geworden.

Als Gott die Menschen zur Rede stellt, zeigen diese ein weiteres sehr vertrautes menschliches Verhalten: Die Schuld wird von einem auf den nächsten geschoben. Der Mann sagt: Die Männin war's, die Frau sagt: die Schlange sei schuld. Das „Böse" kann in seiner

Herkunft nicht erklärt werden – und die Schuld auf den anderen zu schieben, führt immer in die Ratlosigkeit. Es folgt nun die Vertreibung aus dem Paradies, die mit drei Sanktionen Gottes einhergeht: Die Schlange wird auf dem Bauch kriechen, die Frau wird bei der Schwangerschaft und der Geburt Schmerzen haben und der Mann soll ihr „Herr" sein, der Mann schließlich wird unter Mühen arbeiten und „im Schweiße seines Angesichts sein Brot essen".

Die Grenzüberschreitung zieht also schwere Konsequenzen nach sich. Das Paradies kann nicht länger der Lebensraum der Menschen sein. Nachdem sie nun Einsicht in Gut und Böse haben, sollen die Menschen nicht auch noch in einem weiteren Punkt werden wie Gott, sie sollen nicht auch noch unsterblich werden. Gott postiert die Cherubim mit flammendem Schwert vor dem verschlossenen Paradies. Doch auch jenseits des Paradieses sorgt Gott sich noch um seine Geschöpfe und stattet sie mit Fellröcken aus. Und mit Namen: Adam und Eva werden sie nun heißen. Gottes fürsorgliches Handeln begleitet die Menschen auf ihrem Weg aus dem Paradies, das „Beschützt-Sein" wird zum Kennzeichen in der Gottes-Ferne!

Unter Schmerzen sollen Frauen also ihre Kinder gebären. Bis heute wissen Frauen in aller Welt, was das heißt. Auch wenn die Tendenz zum Kaiserschnitt in westlichen Gesellschaften enorm zunimmt und Frauen, die gebären, vielerorts beste Hilfe gewährleistet wird: Schwangerschaft und Geburt bleiben Belastung und Risiko und sind allzu oft mit Schmerz verbunden. Gleichzeitig aber sind Geburten meist ungeheure

Glücksmomente, in denen wir eine Ahnung vom Wunder des Lebens erhalten.

Eva, die erste Frau, sozusagen Urmutter der Menschheit, bringt zwei Söhne zur Welt, erst Kain, dann Abel. Sie erfährt die „Strafe" der mühevollen Schwangerschaft und schmerzhaften Geburt am eigenen Leibe. Aber sicherlich waren die beiden Söhne auch ihr Stolz, ihre Freude. Kain wurde ein „Ackermann", wie es in der Bibel heißt. Das bedeutet, er bebaute das Land, Getreide war sein Geschäft. Und Abel wurde Schäfer, seine Sache war die Viehzucht.

Gut religiös erzogen hat Eva offensichtlich beide, denn sie opfern Gott. Ja, fromm sind sie. Aber zwischen beiden gärt die Konkurrenz. Leidenschaftliche Eifersucht gewinnt überhand über die Vernunft. Als der Streit eskaliert, schlägt Kain seinen Bruder Abel tot.

Junge Männer sind schnell gewalttätig, das wissen wir auch heute. Sie konkurrieren um die Gunst desjenigen, auf dessen Meinung es ankommt, der Beste wollen sie sein, die Kräfte messen. Das kennen wir im Verhalten junger Männer, in dieser Hinsicht ist uns der archaische Text sehr vertraut. In der Konsequenz sind junge Männer deshalb auch die am stärksten durch Gewalt gefährdete Gruppe in unserer Gesellschaft.

Von Eva, der Mutter, ist in diesem Zusammenhang nicht weiter die Rede. Erst später in der Bibel taucht sie wieder auf, vor allem auch als Gegenbild zu Maria. Aber wie mag es gewesen sein für sie, den Streit zwischen ihren beiden Söhnen zu sehen? Diese ständige Spannung: Wer ist der Größte? Wer kann's besser? Wer gilt mehr vor Gott? Sie wird sie doch beide geliebt haben.

Wenn wir ihre biblische Figur weiterdenken, können wir annehmen: Die Verschiedenheit der eigenen Kinder hat sie ganz gewiss gesehen. Und dass nicht Miteinander, sondern Hass ihre Beziehung bestimmte, das wird sie umgetrieben haben als Mutter. Gewiss, sie ist eine typologische Gestalt. Aber muss eine solche Eva nicht auch nachdenken über die eigene Rolle im Konflikt der Söhne? Eltern haben immer eine Grundangst um ihre Kinder. Und Mütter neigen manchmal dazu, ihre Kinder, statt ihnen eine gewisse Freiheit zuzugestehen, allzu sehr behüten zu wollen – was meist zu noch heftigeren Ausbrüchen führt. Wenn der Streit eskaliert zwischen den Kindern, sind Eltern oft hilflos oder nehmen Partei. Beides hat fatale Folgen.

Es fällt wohl allen Müttern schwer, die Fehler ihrer Kinder zu sehen. Sie leiden darunter. Die Schwächen der Kinder vertuschen, auch vor sich selbst verbergen, Konflikte kleinreden, darüber hinwegsehen: das ist kein ungewöhnliches Verhalten. Wenn ein Kind nicht das erreicht, was sie erwarten, sind Mütter (wie auch Väter) meist allzu schnell enttäuscht. Wenn die Kinder nicht dem Bild entsprechen, das die Eltern sich von ihnen gemacht haben, wenn sie ihre schwierigen, trotzigen, zornigen Seiten zeigen, ist das schwer. Gerade in der Pubertät fordern Kinder ihre Eltern, ihre Mütter heraus, bringen sie an Grenzen, dahin, wo man sich nicht mehr versteht, ja, wo man sich verletzt.

Das Schlimmste aber, was einer Mutter passieren kann, ist sicher das Sterben des eigenen Kindes. Der Tod eines Kindes ist immer ein viel zu früher, ein vorzeitiger Tod. Verwaiste Eltern müssen erleben, wie die Abfolge des

Lebens, der Generationen verkehrt wird. Sie leben oft mit dem Gefühl, es sei falsch, dass sie zurückgeblieben sind, dass sie noch leben, das Kind überlebt haben. Sie quälen sich mit dem Gedanken: Warum das Kind? Warum nicht ich? Sie sehen andere Kinder wachsen und größer werden und fragen sich, wie ihr Kind in diesem Alter gewesen wäre, wie es wohl aussähe, wie es mit ihm weitergegangen wäre. Ja, das verstorbene Kind begleitet die Eltern ein Leben lang.

Wenn nun ein Kind dem anderen das Leben nimmt – das ist für eine Mutter wohl kaum zu ertragen. Wie damit leben, mit dem Schmerz, mit den völlig hin und her gerissenen Gefühlen, dem Hass, der Trauer, der Liebe? Auch bei einem Unfall, bei einer Tragödie sind die Folgen ein Leben lang zu spüren. Doch wenn ein Sohn zum Mörder des anderen wird? Da ist zum einen die unfassbare Trauer um das verlorene Kind. Sie braucht Raum, Zeit, einen Ort, um immer wieder Abschied zu nehmen. Und da ist zum anderen die Frage: Wie verhalte ich mich gegenüber meinem Kind, das zum Verbrecher, ja zum Mörder wurde? Kann ich dem Sohn in die Augen schauen? Kann ich ihn noch lieben angesichts des Verlustes, angesichts dessen, was er getan und auch mir angetan hat? Mein Schmerz reicht bis zum Himmel – kann ich mich dem Verursacher dieses Schmerzes zuwenden, kann ich ihn noch als Sohn sehen?

Eva erlebt das größte anzunehmende Unglück einer Mutter. Nicht nur verliert sie ein Kind, nicht nur wird ein Sohn zum Verbrecher, nein, ein Sohn ermordet den anderen. Wie kann eine Mutter mit den wilden und tiefen Emotionen leben? Wohin kann sie sich wenden? Wie kann sie das verarbeiten, und weiterleben? Ob Eva Kain beigestanden hat, der mit der Schuld leben musste (so wie Gott es tut, der ihn vor Rächern schützt)? Ob sie sich gefreut hat an Henoch, dem Enkelsohn, der ihr geboren wurde? Wir wissen es nicht.

In der Bibel wird über Eva in ihrer Eigenschaft als Mutter von Kain und Abel nichts berichtet. Wir hören nichts davon, wie es ihr gegangen sein mag. Aber sie als Mutter in den Blick zu nehmen, die Geschichte von Kain und Abel mit den Gedanken an sie zu lesen, erweitert unser Verständnis dieser Urmutter der Bibel. Und es lässt uns nachdenken darüber, wie schwer es viele Mütter mit ihren Kindern haben, und wie groß die Belastung ist, ein Kind zu verlieren.

Hagar
Sitzengelassene Mutter

1. Mose/Genesis 16 und 1. Mose/Genesis 21

Was heißt es, die Geliebte eines verheirateten Mannes zu sein? Du wartest, er ist bei seiner Familie. Heimlich darfst du einmal mit auf eine Dienstreise. Vielleicht kommt er am zweiten Weihnachtsfeiertag kurz vorbei. Er schickt dir eine SMS von der Geburtstagsfeier seiner Tochter. So beschreibt Bonnie Tyler es in ihrem Lied „Married Men". Und wenn das Geheimnis „becomes too hot to handle", so Bonnie Tyler, wenn es also zu schwierig wird mit dem Doppelleben, mit der Heimlichtuerei, dann geht der Mann nach Hause zu seiner Ehefrau und die Geliebte bleibt zurück, voller Schmerz über das Verlassensein. Vorwürfe wird sie sich machen, dass sie sich eingelassen hat, so dumm war, sich in einen gebundenen Mann zu verlieben und zu hoffen, dass er seine Ehefrau verlässt für sie.

Wird die Geliebte schwanger, so wird das Problem größer. Wenn der Mann nicht bereit ist, für sie seine Familie zu verlassen, wird er wohl zur Abtreibung raten. Treibt sie aber nicht ab, freut sie sich vielleicht gar auf das Kind, dann kommen jahrelange Schwierigkeiten und Streit auf beide zu. Nach unserem Unterhaltsrecht muss der leibliche Vater zahlen, ob er das Kind wollte oder nicht. Er muss Verantwortung übernehmen. Nichteheliche Kinder werden ehelichen Kindern inzwischen gleichgestellt. Und das ist ja auch gut so. Wie lange haben sie unter Diskriminierung gelitten! Der Vater hat wiederum das Recht, sein Kind zu sehen, Umgang mit dem Kind zu haben. Und Kinder haben meist den Wunsch, ihren Vater zu kennen. Den Umgang mit dem Kind erzwingen, können Mutter und Kind jedoch nicht. Das hat jüngst eine Frau versucht zu erstreiten und ist gerichtlich unterlegen.

Was bedeutet es, unter diesen Umständen Mutter zu werden? Gewollt schwanger zu sein, dann aber vom Vater des Kindes zutiefst enttäuscht zu werden? Alleingelassen, zurückgewiesen, auf sich selbst geworfen mit dem Kind, für das es nun zu sorgen gilt – diese Grundkonstellation gab es zu allen Zeiten.

Auch wenn die biblische Geschichte der Hagar in Vielem nicht mit einer Situation heute verglichen werden kann: Gefühle von Eifersucht und Verlassensein und ihre Konsequenzen spielten auch damals eine Rolle, nur mit anderen Vorzeichen: In biblischer Zeit gab es kein Selbstbestimmungsrecht für Frauen. Hagar war auch keine Geliebte im heutigen Sinne. In Luthers Übersetzung steht, sie war die „Magd" von Sara, der Frau Abrahams. Magd zu sein, bedeutete aber kein Dienstverhältnis mit Rechtsstatus und Bezahlung. Hagar kam aus Ägypten und war somit Saras Sklavin.

Als Sara erkennt, dass sie offenbar kein Kind bekommen kann, sagt sie zu ihrem Mann: „Geh doch zu meiner Magd, ob ich vielleicht durch sie zu einem Sohn komme." Und weiter heißt es: „Und er ging zu Hagar, die ward schwanger." Solche Sätze kommen in der Bibel ziemlich lapidar daher. Kein Gedanke über Empfindungen, Gefühle oder emotionale Verwicklungen taucht auf. Es geht um die Nachkommenschaft des Stammes, diesem Ziel müssen sich persönliche Befindlichkeiten unterordnen.

Aber vielleicht können wir nachempfinden, wie Hagar sich fühlt? Ein „Stück Mensch" ist sie, ein junges Mädchen wahrscheinlich, das Besitz anderer ist. Sie wird an einen alten Mann verschenkt; in der Bibel heißt es, Abraham sei bei Ismaels Geburt 86 Jahre alt gewesen. Es ist letzten Endes eine Vergewaltigung, von der hier erzählt wird. Wenn der unsägliche Begriff „Gebärmaschine" einen Ort im Leben hat, dann wohl hier. Es geht nicht um Begehren oder erfüllte Sexualität, nicht um den Kinderwunsch einer Frau, alles dreht sich allein um die Fortpflanzung eines Mannes. Die Frau wird degradiert zum Mittel der Umsetzung dieses Zwecks.

Der Fortgang der Geschichte aber zeigt, dass es eben nicht so einfach ist, Gefühle auszusperren. Hagar wird stolz darauf, dass sie schwanger ist. Ihr „gelingt" sozusagen, was Sara „nicht schafft". Und Sara tobt. Sie spürt die Geringachtung und fühlt sich gedemütigt. Wir können uns vorstellen, welche Dynamik diese Dreiecksgeschichte im Hause Abrahams entfaltet. Eifersucht, Hochmut, Angst, Zorn: heftige Gefühle allerorten. Was wird Abraham gedacht haben? War er einfach nur stolz, dass er ein Kind gezeugt hatte? Hat er sich vielleicht gar ein wenig verliebt in die junge Frau, die von ihm schwanger wurde? Ging ihm seine Frau mit ihrem Gezänk auf die Nerven? Empfand er Mitgefühl mit der Zurücksetzung, die sie verspürte? Die wenigen Zeilen im Kapitel 16 des ersten Buches Mose geben Anlass zu mancher Spekulation in dieser Hinsicht.

Abraham weiß, was sich nach den Regeln der Stammesgesellschaft gehört. Er überlässt es Sara, mit Hagar zu machen, was sie will. Hagar ihrerseits ist klar, dass sie keinen Schutz hat, und sie flieht in die Wüste. Sie hat Angst vor der Härte, mit der Sara sie behandelt. In der Schwangerschaft ist eine Frau besonders verletzlich. Wenn dann noch der Vater des Kindes nicht zu ihr steht, wenn sie angegriffen wird, kann es zu Kurzschlusshandlungen kommen. Ob Hagar so verwirrt und verzweifelt war, dass sie in der Wüste sterben wollte? Immerhin geht sie zu einer Wasserquelle ...

Dort in der Einsamkeit begegnet ihr ein Engel. Er „findet" sie an der Wasserquelle – und schickt sie zurück. Er sagt ihr, sie solle sich weiterhin demütigen lassen und nicht aufbegehren gegen Sara. Sie werde einen Sohn gebären und ihre Nachkommenschaft werde so zahlreich, „dass man sie vor Menge nicht zählen kann". Welche Gestalt der Engel wohl hatte: War er ein Mensch, der ihr begegnete, oder eine innere Stimme? Wie auch immer, Hagar hat an dieser Wasserquelle in der Wüste zweierlei erkannt: Sie kann nicht vor Sara fliehen, sie hat allein, schwanger, rechtlos, mittellos keine Chance. Und das Kind auch nicht. Aber sie hat großen Segen erfahren, sie ist schwanger. Sie wird ein Kind bekommen – und das ist für ihr Leben ein besonderes Geschenk. Sie entscheidet sich dafür, dieses Kind anzunehmen. So kehrt Hagar zurück.

Vielen Frauen, die schwanger sind, ohne dass der Vater des Kindes zu ihnen steht, geht es sicherlich ähnlich. Erst ist da vielleicht große Freude über die Schwangerschaft, Stolz gar. Aber irgendwann bekommen sie Angst: Wie soll das gehen, allein mit dem Kind? Was soll werden, wenn da keiner ist, der mir zur Seite steht? Sicher, heute und hierzulande kann eine Frau ohne Ehepartner schwanger werden und muss nicht mehr befürchten, diskriminiert zu werden. In Frankreich wird jedes zweite Kind unehelich geboren. Ganz anders ist das in anderen

Ländern und Gesellschaften. Kürzlich wurde über ein Krankenhaus berichtet, in dem die Kinder per Kaiserschnitt geholt werden, wenn die Frauen die Schwangerschaft nicht länger verbergen können. Das Kind wird zur Adoption freigegeben und das Jungfernhäutchen der jungen Frau zugenäht – nicht nur, um einen Skandal zu vermeiden, sondern oft genug auch, um der Frau im wahrsten Sinne des Wortes das Leben zu retten. Noch immer meinen Männer in manchen patriarchalen Gesellschaften, ihre Ehre sei verletzt, wenn eine Tochter oder Schwester unverheiratet schwanger wird. Das sind für Frauen grauenvolle Zustände, die in westlichen Demokratien Gott sei Dank überwunden sind. Wir erleben gerade, dass das nicht sebstverständlich ist und wir dafür eintreten müssen, dass solche Frauenrechte auch für Migrantinnen gelten.

Machen wir uns nichts vor, auch bei uns ist es nicht einfach, als Frau allein schwanger zu sein, ein Kind zu bekommen, ein Kind großzuziehen. Nicht umsonst sind alleinerziehende Mütter am stärksten von Armut bedroht. Sie haben Mühe, einen Arbeitsplatz zu finden, der mit der Versorgung des Kindes vereinbar ist. Aber auch abgesehen von den ökonomischen Fragen, ist es alles andere als leicht, mit einem Kind alleine zu sein. Hier tritt in vergleichbarem Maße das Gefühl des Verlassenseins, die Demütigung, dass der Mann, von dem die Frau meinte, er liebe sie, nicht zu ihr steht. Dass er nicht da ist, wenn das gemeinsame Kind geboren wird. Und in der Erziehung ist es schwer, alle Entscheidungen allein zu treffen, allein standzuhalten, wenn Standhalten gefragt ist.

Auch für Hagar und ihren Sohn kehrte kein Frieden ein. Im 21. Kapitel des 1. Buches Mose wird davon berichtet, dass Sara später doch noch schwanger wird und selbst einen Sohn zur Welt bringt, Isaak. Auch dann kann sie offenbar mit der Situation, die sie selbst ausgelöst hat, nicht gut leben. Sie erträgt es nicht, dass die Halbbrüder Ismael und Isaak zusammen spielen, und verlangt von Abraham, dass er Hagar und Ismael wegschickt. Abraham scheint das schwerzufallen. Wohl weniger Hagars wegen, aber wegen seines Sohnes, so die Erzählung. Dennoch gibt er Hagar Wasser und Brot und schickt sie mit dem Kind fort in die Wüste.

Was folgt, ist dramatisch. Hagar irrt mit Ismael umher. Ja, sie verirrt sich. Das Wasser geht ihnen aus und Hagar „wirft" ihren Sohn unter einen Strauch, setzt sich ein Stück entfernt und weint: „Ich kann nicht mit ansehen des Knaben Sterben." Was für eine Situation: Sie ist zum Mitweinen! Durch die Mutterschaft ist Hagars Leben schwer geworden: vergewaltigt, ungeliebt, gedemütigt und nun auch noch in die Wüste geschickt, im wahrsten Sinne des Wortes. Sie weiß nicht, wie sie das Kind retten soll. Sie weint laut. Und in der biblischen Geschichte ist es wiederum ein Engel, der Hagar aus der Verzweiflung holt: Nimm das Kind fest an die Hand, Gott wird dir beistehen! Und sie findet eine Wasserquelle. Die beiden sind gerettet.

In Erzählungen von Frauen auf der Flucht, von Frauen in Kriegssituationen, habe ich das oft gehört: Wenn es um dein Kind geht, dann entwickelst du mitten in der Verzweiflung plötzlich Kräfte, von denen du gar nicht geahnt hast, dass sie in dir schlummern. Frauen aus dem Sudan zum Beispiel haben das erzählt: Wenn du ganz auf dich gestellt bist, und du siehst dein Kind an, dann weißt du auf einmal: Für dieses Kind werde ich es schaffen. Es ist erstaunlich und bewundernswert, welche Kräfte die Liebe zu ihrem Kind in Müttern freisetzt, auch und gerade, wenn sie von allen anderen alleingelassen werden.

Hagar zieht ihren Sohn Ismael schließlich dort in der Wüste groß, ganz allein. Das letzte, was von ihr berichtet wird, ist, dass sie ihm eine Frau aus Ägyptenland aussucht, aus ihrer Heimat also ...

Hanna
Rabenmutter

1. Samuel 1ff.

Samuel, der Prophet und Sohn der biblischen Hanna, wird eine gewichtige Rolle spielen als Kritiker des Königs Saul und auch mit Blick auf die Krönung Davids zum König. Seine Mutter Hanna geht als die Frau in die Geschichte ein, die (wie Elisabeth und wie Sara) erst spät ein Kind bekommt, Gott dafür lobt und ihr Kind zum Dank in die Erziehung in den Tempel gibt.

Erinnern wir uns: Hanna wäre so gern Mutter. Sie muss erleben, wie ihr Mann Elkana, den sie liebt und der sie liebt, mit seiner zweiten Frau Peninna sehr wohl Kinder bekommt. Wie bitter! Was für eine Enttäuschung! Du liebst einen Mann, er liebt dich, ihr sehnt euch nach gemeinsamen Kindern, aber eine Schwangerschaft stellt sich nicht ein. Am Mann kann es nicht liegen, er schwängert eine andere. Hanna ist verzweifelt, auch die wirklich liebevolle Zuwendung ihres Mannes tröstet sie nicht. Sie fühlt sich erniedrigt.

Was an dieser Geschichte wirklich anrührt, ist die Zuneigung Elkanas. Er liebt seine Frau Hanna, auch wenn sie keine Kinder bekommt, und er fühlt von Herzen mit ihr. Am Opfertag, so erzählt die Bibel, gibt er, wie es Brauch ist, „Peninna und allen ihren Söhnen und Töchtern Stücke vom Opferfleisch. Aber Hanna gab er ein besonderes Stück. Denn er hatte Hanna lieb, obgleich der Herr ihren Leib verschlossen hatte" (1,4f.).

Leider nutzt Peninna die Situation aus, sie kränkt und demütigt Hanna. Vielleicht liegt es daran, dass sie spürt, wie sehr Elkana Hanna liebt? Sie trumpft mit ihren Kindern gegen die Zurücksetzung. Die Spannungen in der Familie sind leicht vorstellbar. Gelitten haben wahrscheinlich alle drei: der Ehemann, hin- und hergerissen zwischen der Liebe zu der einen Frau und dem Respekt für die andere, die ihm Kinder schenkt. Hanna, die geliebte Frau, die sieht, dass sie ihrem Mann nicht geben kann, was sie sich beide wünschen, ein Kind, die sich deshalb gedemütigt fühlt und überflüssig, die untröstlich ist, auch wenn sie um seine Liebe weiß. Und Peninna, die zweite Frau, die ihren Stolz aus ihren Kindern bezieht und verletzt ist, weil sie sich nicht geliebt weiß. Immer nur die Zweite sein, die Nützliche … Jahrelang geht das so. Eine Quälerei für alle Beteiligten, ganz gewiss.

Hanna ist gekränkt. Sie weint. Sie isst nicht mehr. Wir können diese Verzweiflung, die zu einem gestörten Essverhalten, vielleicht sogar zur Magersucht führte, gut nachvollziehen. Elkana bleibt liebevoll: „Hanna, warum weinst du, und warum isst du nichts? Und warum ist dein Herz so traurig? Bin ich dir nicht mehr wert als zehn Söhne?" (1,8) Ja, dieser Mann liebt seine Frau. Und er will ihr sagen, dass seine Zuneigung zur ihr nicht von gemeinsamen Kindern abhängt. Dass er sie so oder so liebt. Aber Hanna kann das nicht trösten, ihr Wunsch nach einem Kind ist übermächtig. Darauf ist sie völlig fixiert, als läge allein in der Schwangerschaft ihr Lebenssinn.

In dieser Situation geht Hanna in den Tempel und betet zu Gott. Sie bittet ihn um ein Kind. Ihre ganze Verzweiflung legt sie in dieses Gebet, das sie mit einem Gelübde verbindet: Wenn sie nur ein Kind bekäme, sie würde es dem Tempel übergeben. Eli, der diensthabende

Priester, beobachtet die still und inbrünstig betende Frau. Er hält sie für betrunken und spricht sie an. Eli vermittelt Hanna Zuversicht, dass sie schwanger werden wird. Und Hanna geht nach Hause, sie hat neuen Mut gefasst, isst wieder „und sah nicht mehr so traurig drein" (1,18). Ob es daran lag, dass sie anders auftrat, wieder Energie und Lebensmut gefunden hatte? Sicherlich wirkte sie anders, sie kümmerte sich wieder um sich selbst, indem sie aß und wieder lebensfroh wurde. Jedenfalls „erkennt" Elkana seine Frau, so heißt das hebräische Wort, d. h. er schläft mit ihr – vielleicht können wir sagen, er erkennt in ihr die Frau wieder, die er so liebt. Wie spannend und aufschlussreich für die Beziehung zwischen Mann und Frau, dass „einander erkennen" und „Geschlechtsverkehr haben" im Hebräischen dasselbe Wort ist. Da gibt es keine Trennung zwischen einer geistigen und einer körperlichen Ebene der Beziehung.

„Und Hanna ward schwanger; und als die Tage um waren, gebar sie einen Sohn und nannte ihn Samuel; denn, so sprach sie, ich hab ihn von dem HERRN erbeten." (1.Samuel 1,20) Hanna bekommt einen Sohn. Was für ein Glück wird das für die Eltern gewesen sein! Für die Mutter wohl sogar eine Art persönlicher Triumph mit Blick auf Peninna. Hanna stimmt einen Lobgesang an, wie später auch Maria (Lukas 2), in dem sie Gott preist, sich an der Überwindung ihrer tief empfunden Erniedrigung freut und in dem die Erhöhung der Gedemütigten zum Kennzeichen göttlichen Wirkens wird.

Hanna sagt in aller Deutlichkeit, dass ihr Kind im Tempel groß werden soll. Sie will es weggeben; sie möchte ihr Gelübde einhalten. Elkana scheint ohne Rückfragen zuzustimmen. Das ist schwer nachzuvollziehen. Da hat sie sich jahrelang nach einem Kind gesehnt, und dann gibt sie es weg! Was für eine Mutter! Ist das nicht wahrhaftig eine Rabenmutter? Sie wartet nur, bis er „entwöhnt ist", auf das Ende der Stillzeit also, dann bringt sie Samuel in den Tempel, einen maximal Dreijährigen! Wie mag sich das Kind gefühlt haben? Wie mag Hanna diese Trennung wahrgenommen haben?

Sicherlich glaubte sie, es sei das Beste für das Kind und auch das Richtige vor Gott. Niemand sollte richten über eine Mutter, die so etwas tut. Sie hatte die ganze – damals deutlich längere – Phase des Stillens über Zeit, abzuwägen, wohin der Weg gehen soll. Ob sich Hanna im hohen Alter mit einem Kind überfordert fühlte? Ob sie spürte, dass es schwieriger wurde zwischen Elkana und ihr mit dem Kind zwischen ihnen? Ob die Spannungen auch zwischen dem Jungen und den Halbgeschwistern wuchsen? Oder war ihr tiefstes Gefühl einfach: Dieses Kind ist Gottes Geschenk und im Tempel am besten aufgehoben? All das bleibt in der Erzählung offen. Es sind Fragen, die sich der biblische Erzähler offenbar nicht stellt – es sind wohl eher Fragen einer Mutter von heute. Für Hanna war klar, dass sie Samuel in den Tempel zu geben hatte.

Aber wir wissen auch: Kinder sehnen sich nach den Eltern. Selbst wenn es zuhause schwierig und mehr als prekär ist, wollen Kinder bei ihren Eltern sein. Ein heutiger Dreijähriger, der in eine Krippe oder eine Kita geht, ist mit dem kleinen Samuel nicht zu vergleichen.

Er geht am Abend nach Hause in die Geborgenheit seiner Familie, so defizitär manches auch sein mag. Ein Dreijähriger, der vollends in eine Fremdbetreuung kommt, wird ein tiefes Gefühl von Verlassenheit erfahren. Vielleicht erklärt das manch späteres Verhalten des Propheten. Samuel wird beispielsweise in einer Familie den neuen König salben müssen. Als erstes fällt ihm der junge, kräftige und gut aussehende Mann auf – der muss es doch wohl sein! Der kleine, unscheinbare David kommt für ihn als Kandidat erst nach langem Zögern in Frage …

Und Hanna, seine Mutter? Die Bibel erzählt, dass sie dem kleinen, heranwachsenden Samuel Jahr für Jahr, wenn sie zum Tempel kommt, ein „kleines Oberkleid" (2,19) mitbringt. Der Priester segnet jeweils den Jungen und sie. Und Hanna wird mehrfach wieder schwanger, drei Söhne und zwei Töchter wird sie noch gebären! Samuel aber wächst im Tempel bei dem Priester Eli auf.

Was wird das für eine Empfindung gewesen sein, diesen besonderen Sohn Jahr um Jahr zu sehen, ihrem Herzen so nahe und doch so unerreichbar? Ob Hanna je bereute, ihn in den Tempel gegeben zu haben? Vielleicht hat sie es aber auch als eine Art Entlohnung angesehen, mit fünf weiteren Kindern gesegnet worden zu sein. Tränen werden geflossen sein, Jahr für Jahr, wenn sie sah, wie er heranwuchs, ohne dass sie ihm geben konnte, was eine Mutter an Liebe, Zuneigung, Zärtlichkeit, Nähe und Schutz gern gibt.

Manchmal, wenn ich Bilder von kleinen buddhistischen Mönchen sehe, die im Kloster heranwachsen, ergreift mich ein richtiger Jammer. Wer wiegt sie im Arm? Wenn ich Berichte von Kindern aus Afrika lese, deren Eltern an Aids gestorben sind, bewegt mich die Frage: Haben sie je die Erfahrung gemacht, mit ihrer Mutter zu kuscheln? Oder ich erlebe eine Mutter in der Beratung, die nicht weiterweiß mit ihren Kindern und sagt: Es ist besser, er kommt in eine Pflegefamilie, bei mir hat er keine Chance. Eine Trennung auf Zeit wird dann oft eine Trennung für immer.

Kinder, die früh weggeschickt werden, aus welchen Gründen auch immer, erfahren selten eine Grundgeborgenheit. Ach nein, eine Rabenmutter ist Hanna wohl kaum. Aber eine zerrissene Frau, die es oft geschmerzt haben wird, dass sie ihren Sohn nicht bei sich behielt, die sich sicher machmal fragte, ob sie wirklich die richtige Entscheidung getroffen hatte. Auch das ist eine Erfahrung, die Frauen heute durchaus kennen …

Kanaanäische Frau

Mutter eines kranken Kindes

Matthäus 15, 21ff.

Es ist eine spannungsgeladene Szene: Das Matthäus-evangelium erzählt von einer unbekannten, namen-losen Frau, die Jesus bittet, ihre kranke Tochter zu heilen. Er zieht durch die Gegend von Tyrus, und sie läuft schreiend hinter ihm her. Den Jüngern ist das ganz offensichtlich peinlich, sie bitten ihn, die Frau zufriedenzustellen. Jesus weist die Fremde schroff ab: Er sei nur zu den verlorenen Schafen des Hauses Israel geschickt. Mit einer Ausländerin will er offenbar nichts zu tun haben. Die Frau fällt vor ihm auf die Knie und lässt selbst dann nicht locker, als Jesus geradezu beleidigend wird und sagt: „Es ist nicht recht, dass man den Kindern ihr Brot nehme und werfe es vor die Hunde."

Was für eine ungeheuer schroffe Zurückweisung! Damit entspricht er so gar nicht dem Bild von Jesus, das wir oft haben: ein sanftmütiger, achtsamer Mann. Die nachvollziehbare Reaktion einer Frau, die derart angefahren wird, wäre es, in Tränen auszubrechen. Ihr wird ja entgegengehalten, sie sei wie ein bettelnder Hund. Eine tiefe Verletzung! Woher nimmt die kanaanäische Frau die Kraft, nicht in Tränen auszubrechen und auch nicht verletzt und empört wegzugehen, sondern weiter zu bitten? Zu kämpfen, zu argumentieren?

Ich denke, es ist die Sorge um ihre Tochter. Wenn es irgendeine Chance gibt, etwas für das eigene kranke Kind zu tun, dann wird eine Mutter nichts unversucht lassen. Die kanaanäische Frau weiß nicht so genau, wer dieser Jesus ist. Aber sie hat die tiefe Hoffnung, dass er etwas für ihre Tochter tun kann. Deshalb gibt sie nicht auf, sondern kontert klar. Sie greift das beleidigende Bild auf, das Jesus gebraucht, und erwidert: „Schließlich fressen auch die Hunde die Brosamen unter dem Tisch ihrer Herren!"

Eine solche Antwort verlangt Respekt. Diese Frau lässt sich ihre Würde nicht nehmen. Setzt Jesus sie herab, so nimmt sie die Beleidigung auf, erhobenen Hauptes geradezu, und klagt ihr eigenes Recht ein. Wer die Geschichte liest, empfindet bis heute die Veränderung in der Kommunikation dieses Mannes und dieser Frau. War da eben noch die bettelnde, zeternde, die Jünger nervende Fremde auf den Knien, so erweckt diese Antwort den Eindruck, dass sie Jesus gerade nach der Erniedrigung auf Augenhöhe ansieht. Sie hat den Mut, diesen Schritt zu gehen, da sie ja nicht für sich bittet. Sie bittet für ihr Kind. Jesus muss diese Veränderung wahrgenommen haben. Er sagt: „Frau, dein Glaube ist groß. Dir geschehe wie du willst." Die Tochter wurde gesund.

Jesus selbst hat aus dieser Begegnung offenbar etwas gelernt. Schon vor Jahren habe ich die kanaanäische Frau einmal als „Lehrerin" Jesu bezeichnet, was mir manche Kritik einbrachte: Jesus habe doch nicht lernen müssen. Ich denke aber, als wahrem Menschen haben sich auch ihm immer wieder neue Horizonte erschlossen, hat er neue Einsichten gewonnen. Jesus wird von diesem Zeitpunkt an klar: Es geht nicht nur um Israel, nein, es geht um Gottes gute Nachricht für die ganze Welt.

Wenn wir auf die Rolle der Frau in dieser Szene blicken, sehen wir: Die Mutter eines kranken Kindes trägt eine besondere Last. Sie leidet mit dem Kind, würde seine Schmerzen oft am liebsten auf sich selbst nehmen, um es gesund zu sehen. Es tut so weh, das eigene Kind derart geschwächt zu sehen. Und es braucht besonders viel Kraft, sich um ein krankes oder behindertes Kind zu kümmern. Das ist wesentlich anstrengender, als für ein gesundes Kind zu sorgen! Der Kummer gräbt sich tief ins Herz der Mutter …

Eine solche Lebenssituation kann sehr einsam machen. Die Geduld anderer Menschen mit Kranken ist meist sehr schnell erschöpft. Während andere Kinder blühen und gedeihen, entwickelt sich das eigene nicht, bleibt blass und schwach, kränkelnd, erfährt vielleicht immer wieder gesundheitliche Rückschläge. Das gibt jeder Mutter einen Stich ins Herz. Und darum ist da auch oft ein Nicht-Wahrhaben-Wollen, eine Auflehnung dagegen, dass das eigene Kind nicht gesund sein soll. Die Krankheit, die Sorge, der Neid und die Erschöpfung machen die Gespräche mit anderen Müttern schwerer, weniger unbefangen. So sind Mütter kranker Kinder oft sehr allein, allein mit sich selbst und ihrem kranken Kind. Neben dem Mit-leiden kann das auch zu Aggressionen führen: Du hast mir mein ganzes Leben verdorben. Solche Gedanken wird sich eine Mutter wiederum innerlich verbieten und schon gar nicht aussprechen, doch werden sie dann umso mehr zur Belastung. Das gilt auch für Paare, die je einzeln und auch gemeinsam mit der Enttäuschung umgehen müssen, dass ihr Kind nicht ist wie andere Kinder. Vor allem jedoch machen die meisten Eltern die Erfahrung, dass die Liebe zu einem kranken, besonders verletzlichen Kind eine besonders tiefe ist, dass gerade dieses Kind ihnen besonders ans Herz wächst.

Und schließlich gibt es die Erfahrung der Zurückweisung und des Spießrutenlaufens: „Schau mal, das behinderte Kind!" – „Die arme Frau, wie schrecklich." Eine zusätzliche Demütigung, die jeden Schritt nach draußen zum Kraftakt macht und die Last noch schwerer werden lässt. Die den Rückzug aus der Öffentlichkeit mit dem kranken Kind noch näherlegt. Viele Menschen haben offensichtlich Berührungsängste, wenn es um ein krankes Kind geht, sie sind unsicher und wissen nicht, wie sie auf das Kind und auf die Mutter zugehen sollen.

In dieser Hinsicht hat sich heute im Vergleich zu damals nichts geändert. Zusätzlich kennen in unseren Tagen viele die finanzielle Belastung: Krankengymnastik ist nötig, besondere Geräte, ein Rollstuhl vielleicht. Wer eine optimale Versorgung des kranken Kindes will, wird auf vieles andere verzichten müssen. Wenn eine Mutter ihr krankes Kind selbst versorgt, ist eine Berufstätigkeit noch viel schwieriger zu bewerkstelligen – sie ist meist ausgeschlossen.

In Deutschland haben es Mütter behinderter Kinder heute besonders schwer. Denn merkwürdigerweise wird eine Behinderung immer mehr und auf ganz neue Art als Schuld der Mutter angesehen: Musste sie das Kind zur Welt bringen? Wenn eine Frau in der Schwangerschaft erfährt, dass ihr Kind das Down-Syndrom hat, kann sie es abtreiben lassen – nicht legal, aber straffrei. Entscheidet sich eine Mutter für ihr Kind, obwohl sie weiß, es wird behindert sein, kommt sie schnell in Rechtfertigungszwang. „Selbst schuld" ist die Haltung mancher, mit der sie fertigwerden muss. Anstelle von Unterstützung bekommt sie oft Vorwürfe. Und statt wie bei anderen Kindern zu erleben, dass diese sich Schritt für Schritt von der Fürsorge der Eltern lösen und eines Tages vielleicht, umgekehrt, für ihre alten Eltern sorgen, werden Eltern ihr krankes Kind ein Leben lang versorgen müssen. Eine Umkehrung der Verhältnisse. Sie kennen die Sorge, wer sich um ihr Kind kümmern wird, wenn sie selbst sterben.

Der Glaube spielt eine große Rolle, wenn Menschen mit einer Krankheit leben müssen.[4] Weil Gott uns Lebenssinn zusagt, ganz gleich, wie leistungsfähig wir sind, wissen und erfahren wir, dass das eine Leben nicht weniger lebenswert ist als ein anderes. Das verletzte Leben ist bei Gott nicht weniger wert als das vor Gesundheit strotzende. Krankheit ist keine Strafe Gottes, keine Schuld, sondern eine Lebensbelastung, die Gott mit uns tragen will. Wer nie mit Krankheit konfrontiert war, spricht vom Leben wie ein Mensch, der über die weite Welt doziert, aber das Land nie verlassen hat. Der kanaanäischen Frau hat ihr Glaube am Ende geholfen. Ein Glaube, der durchaus unklar war, der Jesus gar nicht einordnen konnte, der sich ihm aber ganz und gar anvertraut hat. Die Hoffnung dieser Frau war stärker als die Widerstände, die sie erfahren hat.

Die amerikanische Schriftstellerin Pearl S. Buck schildert in ihrer Autobiografie ein ganz ähnliches Erleben als Mutter eines geistig behinderten Kindes.[5] Sie erzählt, wie sie langsam, Schritt für Schritt begreift, dass ihr Kind nicht ist wie andere Kinder. Dass sie diese Wahrheit nicht wahrhaben will, bis sie einsehen muss: Es stimmt etwas nicht. Buck schreibt: „Dann begann die lange Reise, die Eltern solcher Kinder so gut kennen.

Ich habe seitdem mit vielen gesprochen, und immer ist es das Gleiche. Von der Überzeugung getrieben, dass es doch irgendjemand geben müsse, der heilen kann, schleppen wir unsere Kinder über die ganze Erde und suchen den einen, der uns hilft."[6]

Jene unbekannte Frau aus der Bibel hat in Jesus den einen gefunden. Sie wird überglücklich gewesen sein, als ihre Tochter geheilt war. Ihre Freude und Erleichterung wird überschwänglich gewesen sein. Sie hat sicher ein Fest gefeiert, hat nicht aufgehört, sich zu freuen, sie hat gelacht, sie war stolz und froh über ihren Mut, nicht zurückgewichen zu sein, sondern standhaft geblieben und eine Erwiderung zur rechten Zeit gefunden zu haben. Die Überwindung einer Krankheit ist ein Fest der Befreiung.

Viele Frauen aber erleben das nicht. Mütter erleben, dass ihr krankes Kind stirbt – auch davon weiß die Bibel zu berichten, etwa in der Geschichte der Witwe von Sarepta (1. Könige 17). Oder sie kümmern sich ein Leben lang um ihre kranken und behinderten Kinder. Ihre Kraft und ihr Einsatz werden selten anerkannt, ihre große Leistung wird kaum wahrgenommen. Es wird in einer Gesellschaft, die Leistungsstarke besonders schätzt, in der Sportlichkeit und Tempo gefragt sind, kaum wahrgenommen, dass gerade Menschen, die mit Krankheit leben müssen, etwas von der Tiefe und der Kostbarkeit des Lebens verstehen. Mütter kranker Kinder brauchen mehr Anerkennung. Von uns allen. Ich jedenfalls bewundere ihre Kraft, ihren Mut und ihren Glauben – wie schon bei der Frau aus Kanaan.

[4] Vgl. Erika Schuchardt (Hg.), *Warum gerade ich...? Behinderung und Glaube*, Offenbach 1985 (3).

[5] Vgl. Pearl S. Buck, *Geliebtes, unglückliches Kind*, Wien/Heidelberg 1952.

[6] *Ebd.* S. 26f.

Ketura
Stiefmutter

Der Begriff „Stiefmutter" kommt in der Bibel gar nicht vor. Aber es gibt einzelne Stiefmütter, die wir rekonstruieren können. Eine von ihnen ist Ketura, die zweite Frau Abrahams. Nachdem Abrahams erste Frau Sara, die Mutter seines Sohnes Isaak, gestorben ist, erwirbt er ein Grab für ein Erbbegräbnis (1. Mose/Genesis 23,20). Das heißt: er will mit Sara gemeinsam bestattet werden. Sein Sohn Isaak wird durch seine junge Frau Rebekka über den Tod der Mutter hinweggetröstet.

Abraham aber heiratet Ketura. Ihre Geschichte ist kurz. Ihr Name wird nur zweimal genannt, zum einen anlässlich der Eheschließung, zum anderen, weil sie Abraham noch sechs weitere Söhne gebar. Ganz nüchtern wird dabei berichtet: „Abraham gab all sein Gut Isaak." Die anderen Söhne erhalten Geschenke, und der Vater schickt sie fort, weg von seinem Sohn Isaak. Als Abraham stirbt, begraben ihn seine beiden ersten Söhne Ismael und Isaak in jenem Erbgrab neben seiner ersten Frau Sara.

Diese wenigen Sätze im ersten Buch Mose deuten einen tiefen menschlichen Konflikt in dieser biblischen Patchworkfamilie an. Isaak ist und bleibt ganz offensichtlich der Lieblingssohn Abrahams. Er ist schon ein junger Mann, als Abraham Ketura heiratet und sie seine Stiefmutter wird. Wie mag Ketura sich gefühlt haben, nicht nur im Schatten der ersten geliebten Frau und langjährigen Gefährtin ihres Mannes zu stehen, sondern auch ständig mit der Anwesenheit dieses so besonders geliebten Sohnes konfrontiert zu sein? Er soll eines Tages allen Besitz des Patriarchen erben, obwohl sie doch sechs Söhne mit ihm hat, die auch versorgt sein wollen! Diese seine Kinder schickt Abraham weg, damit sie Isaak nicht in die Quere kommen. Schon die dürren Sätze der Bibel lassen ahnen, welche menschlichen Verletzungen es in einer solchen Konstellation geben kann.

„Stiefmutter": das ist ein negativ besetzter Begriff. Deutlich wird das auch in der etymologischen Ableitung. Das althochdeutsche „stoif" bedeutet so viel wie „beraubt" oder auch „verwaist". Es gibt also eine mitschwingende Bedeutung – als habe sich hier eine Frau ein Kind geraubt, es sich unberechtigterweise angeeignet. Die leibliche Mutter gilt als die richtige, die rechte Mutter – die Stiefmutter wird immer gegen die Wahrnehmung ankämpfen, dass das Kind ja nicht ihr eigenes Kind sei.

Es gibt viele Märchen, in denen es die böse Stiefmutter ist, die das Kind in Bedrängnis bringt, die ihm nicht gönnt, vom Vater besonders geliebt zu sein, die es verdrängen will, und mit dem Kind auch die erste Frau des Vaters. Das hohe Lied der Stiefmutter wird selten in lobenden Tönen gesungen. Dabei ist die Rolle einer Stiefmutter eine ganz besonders schwierige.[7] Sie liebt ja zunächst diesen Mann, den sie heiratet. Das Kind oder die Kinder gehören zu ihrem Mann, und deshalb muss sie ein Verhältnis zu ihnen finden. Sie hat sich diese Kinder weder ausgesucht noch gewünscht. Die Beziehung zu ihnen ist eine Konsequenz der Beziehung zu ihrem Mann.

Von Seiten der Frau ist sicher der Wunsch da, ein gutes, unkompliziertes Miteinander zu finden, weil

Spannungen mit dem Kind sich auf die Beziehung zu dem Mann auswirken. Das ist aber gar nicht so einfach. Wenn die Stiefmutter keine eigenen Kinder hat, wird sie unsicher sein, wie mit Kindern umzugehen ist. Hat sie eigene Kinder, werden auch die Stiefgeschwister Zeit brauchen, ein Verhältnis zueinander zu finden, und das wird nicht schnell und einfach gehen. Ist die erste Frau ihres Mannes verstorben, so wie Sara in der biblischen Geschichte, wird sie immer mit dem Bild dieser Frau konfrontiert sein und leben müssen, die rückblickend und in der Trauer über ihren Verlust möglicherweise nicht nur als wunderbare Mutter, sondern zunehmend als Idealbild verklärt werden wird.

Das Kind wird die neue Frau an der Seite des Vaters sehr kritisch betrachten. Eifersucht ist ein tiefes Gefühl, das ungeheuer bestimmend wirken kann. In Konstellationen, in denen die Mutter des Kindes noch lebt, die Eltern sich also getrennt haben, wird das Kind immer den Wunsch haben, die Eltern könnten wieder ein Paar werden. Selbst in noch so schwierigen Beziehungen haben Kinder eine Sehnsucht danach, dass Vater und Mutter als Eltern zusammen sind. Und wenn die eigene Mutter gestorben ist, so wird der Schmerz über den Verlust groß sein. Viele Kinder können aus ihrer Trauer heraus auch nicht verstehen, dass ihr Vater überhaupt eine neue Frau sucht. Sie sind erschüttert über den Tod und zornig darüber, dass es nicht mehr so ist wie früher.

In Deutschland gibt es heute viele Stief- oder Patchworkfamilien. Sie haben es insofern leichter als früher, als heute nach einer Scheidung einer solchen Familienkonstellation den Beteiligten kein Makel mehr anhaftet. Eine hohe emotionale Leistung müssen sie jedoch ebenfalls erbringen, um in der neuen Familienzusammensetzung positiv zusammenzuleben. Die biblische Geschichte der Ketura ist da nun nicht gerade beispielhaft. Vielmehr scheint es, als hätte die Familie, von der erzählt wird, ihre Konflikte allein durch die Autorität des Patriarchen gelöst, nicht durch ein Ringen umeinander und miteinander. Dieses Ringen dürfte für eine Klärung aber unausweichlich sein.

Ich bin überzeugt, das biblische Gebot „Liebe deinen Nächsten wie dich selbst" ist in solchen Situationen besonders hilfreich. Ich darf mich mit meinen Stärken und Schwächen wahrnehmen und ansehen. Ja, ich kann sogar mich selbst lieben! Ich muss mich nicht demütigen lassen, ich kann mir vielmehr auch etwas zutrauen. Und genauso kann ich die oder den andere/n lieben, die positiven Seiten hervorheben, nur „Gutes von ihm reden und alles zum Besten kehren", wie Martin Luther im Kleinen Katechismus das achte Gebot auslegt. Und schließlich sollen wir ja Gott über alle Dinge lieben. Das nimmt uns heraus aus der manchmal engen und verhakten zwischenmenschlichen Situation und leitet uns in eine Beziehung, bei der Gott die dritte Person ist, auf die wir uns beide beziehen können und die uns aufeinander bezieht.

Es braucht Geduld, Kraft, Liebe und Ausdauer, Stiefmutter zu sein, denke ich. Diese Aufgabe ist sicher deutlich komplizierter als eine biologische Mutterschaft. Aber es ist eine lohnende, denn das Stiefkind wird immer das Kind des Mannes bleiben, den die Frau ja liebt. Und manches Mal gelingt diese neue Beziehung trotz des Verlustes – der für das Kind damit immer verbunden bleibt. Die neue Familie wird dann nicht „beraubt", sondern um ein neues Familienmitglied bereichert.

[7] Vgl. Ulrike Millhahn, *Von der Schwierigkeit, eine gute Stiefmutter zu sein*, Frankfurt 1992.

Lea
Kinderreiche Mutter

1. Mose 29,31ff.

Wenn eine Frau viele Kinder hatte, war das zu biblischen Zeiten ein Zeichen von Segen. Heute wird in Deutschland eine Frau bisweilen schon in der dritten Schwangerschaft gefragt: „Wollet ihr das?", oder bei der Geburt des vierten Kindes mitleidig angesehen: „Wissen Sie denn nicht, wie man verhütet?" Letzteres habe ich selbst erlebt. Seit mit der „Pille" Verhütung in vielen Ländern der Erde zur Normalität geworden ist, sind Familien deutlich kleiner geworden. In Deutschland liegt die Geburtenrate aktuell bei 1,2 Kindern pro Frau. Und es ist deutlich spürbar: weder Wohnungen noch Autos noch Hotels noch Restaurants sind für Familien mit mehr als zwei Kindern auch nur annähernd eingerichtet. Frauen, die viele Kinder haben, werden schnell als Kuriosum angesehen. Bundesfamilienministerin Dr. Ursula von der Leyen erzählt die entlarvende Geschichte, wie sie mit ihren sieben Kindern in den USA ein Kaufhaus betrat. Eine Verkäuferin rief ihr hinterher: „You are blessed!" – „Sie sind gesegnet!". Als sie wenige Wochen später mit ihren Kindern ein Kaufhaus in Deutschland betrat, raunte ihr eine Verkäuferin zu: „Dass die mir bloß nichts anpacken …"

Kürzlich stellte eine Studie fest, dass auch in sogenannten islamischen Ländern die Geburtenrate sinkt. Das wurde als Zeichen der Demokratisierung gewertet. Und in der Tat, es ist für Frauen eine große Befreiung, die Zahl ihrer Kinder selbst bestimmen zu können. Sexualität kann so, ohne die Befürchtung, schwanger zu werden, zu einem freien Liebesakt zwischen Mann und Frau werden. Welche Zwänge und Ängste mussten

Lea

Frauen da früher ertragen! In wie vielen Ländern der Erde ist es dazu grausam für Frauen, wieder und wieder schwanger zu werden, ohne dass die Kinder eine Perspektive haben. Ich halte den Zugang zu Verhütungsmitteln daher für ein Menschenrecht für Frauen! Allein 100.000 mütterliche Todesfälle, so die Weltgesundheitsorganisation WHO, könnten jedes Jahr vermieden werden, wenn Frauen, die keine Kinder wollen, sachgemäß verhüten könnten.

Problematisch ist, wie gesagt, aber auch, dass Kinderreichtum in unserer Gesellschaft abschätzig beurteilt wird, dass du geradezu als „asozial" angesehen wirst, wenn du viele Kinder hast. Dabei sind Kinder, die in einer großen Geschwisterschar aufwachsen, erwiesenermaßen stärker sozial ausgerichtet. Sie lernen früh, Verantwortung für andere zu übernehmen und für sich selbst zu sorgen. Wer mit mehreren Geschwistern aufwächst, weiß, dass geteilt werden muss, dass Rücksicht notwendig ist und ein Schauen auf die anderen. Herzensbildung und soziale Bildung sind diesen Kindern sozusagen in die Wiege gelegt. Deshalb ist und bleibt eine große Familie ein Segen, gerade in unserer Zeit und in der Gesellschaft des 21. Jahrhunderts, auch wenn ökonomische und andere Faktoren dagegen sprechen mögen. Vieles an Erziehungs- und Pflegeleistung ist heute zur Dienstleistung geworden; in einer großen Familie aber bleiben Menschen füreinander zuständig, sie sorgen füreinander. Nicht umsonst bleibt diese Tatsache attraktiv. Mütter einer großen Kinderschar machen regelmäßig die Erfahrung, dass Freundinnen und Freunde ihrer Kinder gerne hinzukommen, weil sie sich in der Vielfalt und Geborgenheit der großen Familie wohlfühlen. Und in der Tat: Wo vier satt werden, reicht es auch für fünf. Und wo fünf miteinander beschäftigt sind, da ist das sechste kein Störfaktor.

Die biblische Lea war nicht die erste Wahl ihres Mannes. Jakob hatte sich in ihre Schwester Rahel verliebt. Und deren Vater Laban versprach sie ihm auch zur Frau. Sieben Jahre arbeitete Jakob für Laban, um die Frau, die er liebte, heiraten zu können. Am Tag der Hochzeit aber muss er entdecken, dass es Lea ist, die er geheiratet hat. Es ist angesichts der damaligen Bräuche durchaus denkbar, dass der Bräutigam die tagsüber verschleierte Braut erst in der Hochzeitsnacht sah und erkannte. Wie enttäuscht und wohl auch zornig wird Jakob gewesen sein. Was für eine Demütigung für Lea! Sie wird von ihrem Vater einem Mann untergeschoben, der ihre jüngere Schwester heiraten will! Wie muss sie sich vorkommen: wie ein Stück Vieh, das von einem zum anderen verschoben wird. Ungeliebt und unglücklich.

Als Jakob sich über die Täuschung beklagt, gibt ihm Laban auch Rahel zur Frau. „Jakob hatte Rahel lieber als Lea", sagt die Bibel nüchtern. Was bedeutet das für die ältere Schwester? Sie ist der Störfaktor, der Unfall sozusagen, diejenige, die ertragen werden muss, damit die Liebenden zueinander finden können …

Das wird sie ein Leben lang verletzt haben. Sie wurde ihrem Mann untergeschoben. Tag für Tag leben sie unter aller Augen so zusammen: Alle können sehen, was geschehen ist. Sie wissen alle Bescheid, die Verwandten, die Mägde und Knechte, die Nachbarn.

Aber Lea, die weniger geliebte, hatte einen Triumph

über die Schwester: Sechs Söhne und eine Tochter bringt sie zur Welt! In der Bibel heißt es: „Als aber der Herr sah, dass Lea ungeliebt war, machte er sie fruchtbar." Die biblische Lea ist wahrhaftig eine vielgebärende, kinderreiche Mutter: Ruben, Simeon, Levi, Juda, Issachar, Sebulon und Dina. Die beiden letzten Söhne trotzt sie ihrer Schwester Rahel geradezu ab, sie handelt mit ihr, damit Jakob die Nacht mit ihr verbringt und nicht bei Rahel. Sieht Jakob nicht, dass Lea die Mutter seiner vielen Kinder ist? Wird sie als vielfache Mutter in seinen Augen nicht an Achtung gewinnen? Ja, in all ihrer Verletzung wird Lea dennoch stolz gewesen sein auf ihre Kinder.

Aber sieben Kinder sind auch eine ungeheure Herausforderung. Wie ist das, Mutter so vieler Kinder zu sein? Wie kann sie allen gerecht werden? Jedes Kind hat ja je eigene Bedürfnisse. Und jedes Kind ist anders. Mütter vieler Kinder brauchen viel Zeit, um jedes Kind einzeln, als eigenständige Person wahrzunehmen. Die Liebe der Mutter wird stets von jedem Kind ungeteilt erhofft. Und kein Kind wird gern mit dem anderen verglichen oder einfach in eine Reihe gestellt. Es kostet eine Mutter vieler Kinder enorme Kraft, sich jedem einzeln zuzuwenden, der Individualität Raum zu geben. In einer großen Familie kann ein einzelnes Kind leichter untergehen, nicht gesehen werden, sich zurückziehen, mit der Gefahr, die eigenen Gaben nicht entfalten zu können.

Leas Kinder wachsen in einer noch viel größeren Familie auf. Weil Rahel unglücklich ist, dass sie selbst keine Kinder bekommen kann, bringt sie Bilha, ihre

Magd, zu ihrem Mann. Und Rahels Magd bringt Jakobs Söhne Dan und Naftali zur Welt. Es entsteht geradezu ein Wettstreit um das Gebären, denn daraufhin bringt Lea ihre Magd Silpa mit Jakob zusammen. Und Silpa bringt die Söhne Gad und Asser zur Welt. Nach langem Warten schließlich wird auch Rahel zwei Söhne gebären, Josef und Benjamin. So gibt es in dieser Familie 13 Jungen und ein Mädchen. Ein großes Gewusel wird das gewesen sein! Gewiss war da nicht allzu viel Zeit für jedes einzelne Kind. Doch Kinder aus solch großen Familien berichten meist von einer glücklichen Kindheit ohne Einsamkeit und mit viel Freiheit.

Unübersehbar ist, dass es in dieser Großfamilie der biblischen Geschichte Eifersucht gab. Die Mütter der Kinder stehen in Konkurrenz zueinander, handeln gegeneinander. Und das wirkt sich auf die Kinder aus. Leas Söhne werden später versuchen, den verwöhnten Josef von der Bildfläche verschwinden zu lassen, indem sie ihn als Sklaven verkaufen! Eine dramatische Geschichte nimmt ihren Lauf, die – Gott sei Dank – mit einer Versöhnung endet.

Wenn sich aber solche Eifersucht, solche Spannungen in der Elterngeneration auf die Kinder auswirken, ist das für die Mutter belastend. Jedoch auch Spannungen zwischen den Kindern selbst sind nicht immer leicht auszuhalten. Da spricht das eine Kind schlecht über das andere, da gibt es Konkurrenzen, da sind die Erfolge des einen die bittere Niederlage der anderen ... Als Mutter zwischen konkurrierenden oder eifersüchtigen Kindern zu vermitteln, jedem Kind das Gefühl zu geben, erwünscht und für sich selbst geliebt zu sein, das ist nicht einfach. Eine Mutter, die viele Kinder hat, wird immer wieder darum ringen müssen, je einzeln Zeit für ein Kind zu haben, sich dem einzelnen Kind in seiner Eigenart zuzuwenden, es wahrzunehmen mit seinen Ängsten und Sorgen, Freuden und Erfolgen, Stärken und Schwächen. Aber wie schön ist das, die Lebendigkeit, die Vertrautheit, die Nähe, der Zusammenhalt: wenn alle zusammen am Tisch sitzen, reden und lachen. Wenn alle zusammen spielen. Wenn eines dem andern hilft.

Es ist ein Segen, viele Kinder zu haben. Hierzulande werden wir uns dessen gerade erst neu bewusst.

Lois
Großmutter

2. Timotheus 1,5

Nur ein einziges Mal kommt in der Bibel der Begriff „Großmutter" vor, und zwar im 2. Timotheusbrief 1,5. Dort heißt es: „Denn ich erinnere mich an den ungefärbten Glauben in dir, der zuvor schon gewohnt hat in deiner Großmutter Lois und in deiner Mutter Eunike; ich bin aber gewiss, auch in dir."

Der zweite Timotheusbrief wurde Ende des ersten Jahrhunderts geschrieben. Ein unbekannter Verfasser bemüht sich darum, die sich festigende Kirche auf dem Weg der Kontinuität zur Lehre des Apostels Paulus zu begleiten. Wenn das so ist, gehörte Lois zur allerersten Generation von Menschen, die an Jesus Christus als Gottes Sohn geglaubt haben. Sie ist sozusagen die erste christliche Großmutter. Offenbar hat sie ihre Tochter Eunike in diesem Glauben erzogen und war für ihr Engagement bekannt. Sonst würde der Verfasser, der ja mit der Autorität des Apostels Paulus schreibt, sie nicht namentlich erwähnen.

Auch auf ihren Enkel Timotheus hat sie offensichtlich als Vorbild im Glauben gewirkt, ihn in diesen Glauben in einer Weise mit eingeführt, dass er in jungen Jahren Verantwortung für die Gemeinde übernimmt. Timotheus ist, so der Brief, in Ephesus zurückgeblieben, während der Apostel Paulus weiter nach Mazedonien reist und schließlich als Gefangener in Rom lebt. Dort in Ephesus nimmt Timotheus Weisungen zu Lehre und Frömmigkeit, Ordnung der Gemeinde und Lebensführung entgegen.

Großmütter spielen seit den Zeiten der Lois in der Weitergabe des christlichen Glaubens eine große Rolle. Warum ist das wohl so? In Erinnerung an meine eigene

Großmutter denke ich, es liegt zum einen daran, dass Großmütter manchmal mehr Zeit für Kinder haben als Mütter. Sie stehen nicht unter dem Druck von Haushalt und vielleicht Beruf (wobei zu Lois′ Zeiten die Haushaltsführung einer vollen Berufstätigkeit gleichkam). Waschen, Putzen, Kinder versorgen, Schwangerschaften in kurzem Abstand, Ehefrau sein, das alles kann eine enorme Belastung darstellen. Heute ist in der Soziologie von „Lebensstau" die Rede, wenn Berufstätigkeit und Karriereplanung Zeit und Kraft kosten und auch noch Kinder sowie Eltern gleichermaßen zu versorgen sind. Das bedarf einer sehr durchorganisierten Lebensplanung. Viele Mütter von heranwachsenden Kindern sind deshalb erschöpft, es bleibt wenig Zeit, Geschichten zu erzählen, miteinander zu beten.

Großmütter haben diese Zeit meist. Und wenn sie sie sich nehmen, ist das durch nichts zu ersetzen: Dann erzählen sie die Geschichten von der Arche Noah, von Josef, der bitter verraten und verkauft wurde, der es geschafft hat in der Fremde und dann Versöhnung möglich machte. Dann erzählen sie von den Frauen am leeren Grab. Großmütter singen und beten mit ihren Enkeln. An meine eigene Großmutter erinnere ich mich gut, zum Beispiel, wie sie in der Küche schmetterte: „Du meine Seele singe!" Das hat sich bei mir tief eingeprägt. Sie war für mich ein Vorbild im Glauben.

Wahrscheinlich stehen Großmütter aber auch fester und überzeugter im Glauben, weil sie mehr Lebenserfahrung haben. Sie können davon erzählen, wie sich ihr Glaube in den guten und gerade auch in den schlechten Zeiten ihres eigenen Lebens bewährt hat. Das zu hören, ist für Kinder wichtig. Wenn dieser Glaube für meine Großmutter ein Leben lang Halt und Orientierung geboten hat, warum sollte er nicht auch für mich der richtige Weg sein? Eines Tages werden Kinder selbst klären müssen, ob diese Religion auch ihre ist, der Glaube ihr Weg. Aber sie beheimaten sich in einer Religion auch durch die Erzählungen der Älteren. Wer als Kind in einer guten Atmosphäre davon erfahren hat, hat Heimat erfahren.

Zudem sind Großmütter meist nachsichtiger als Mütter. Manches Enkelkind kann der Großmutter anvertrauen, was es vor der Mutter geheimhält. Das kann für die Mutter, in der Generation zwischen beiden stehend, natürlich auch belastend sein. Wie erging es wohl Eunike damit, dass nicht nur sie, die Mutter, sondern auch die Großmutter in einem Atemzug genannt wurde, als von ihrem Sohn die Rede war? Interessant ist bei allem, dass weder der Vater noch der Großvater von Timotheus genannt werden. Frauen scheinen damals wie heute einen stärkeren Einfluss bei der Weitergabe des Glaubens an die nachfolgenden Generationen zu haben.

Spätestens wenn sie Enkel bekommen, wenn sie also Großmütter werden, denken Frauen bewusst über die eigene Endlichkeit nach. Wer das eigene Sterben in die Reflexion über das Leben integriert, kann und wird klarer über den Glauben sprechen, der ja eine Perspektive über dieses Leben hinaus hat. Wer die „letzten Dinge" vor Augen hat, gewinnt auch eine größere innere Freiheit gegenüber den vorletzten. Sicherlich ist manche Großmutter auch bitter über das

Lois

Leben. Viele aber bringen eine Art von Glaubensheiterkeit und innerer Gelassenheit in das Gespräch über Gott und die Welt mit ein.

Großmütter haben aus dieser Lebenshaltung heraus wohl auch weniger Befürchtungen, von der jüngeren Generation für ihren Glauben belächelt zu werden. Und sie haben seltener Angst vor „Mächten und Gewalten", vor dem Zeitgeist, den vielen Einflüssen, den anderen Ideen, die den Glauben zurückdrängen wollen. Den Großmüttern wird es etwa zugeschrieben, dass der christliche Glaube in der Ära der Sowjetunion nicht völlig ausgemerzt werden konnte.

So sei unter allen Müttern mit Lois den Großmüttern ein Denkmal gesetzt, die so viel Verantwortung für die Weitergabe des Glaubens übernommen haben – von Anfang an.

Lots Töchter

Mütter durch Inzest

1. Mose/Genesis 19

Die atemberaubende und schreckliche Geschichte von Lots Töchtern hat immer wieder die Phantasie der Menschen angeregt. Kunst, Musik und Literatur nehmen das Thema auf. Wenn wir die Geschichte schlicht lesen, ohne gleich zu interpretieren oder nach der tieferen Bedeutung zu fragen, was wird uns da erzählt?

Lot und seine Familie leben in Sodom. Zwei Engel kommen zu Gast ins Haus. Eine aufgebrachte Menschenmenge fordert die Herausgabe dieser Gäste, sie wollen sich über die Fremden „hermachen". Um seinen Besuch nach dem damals unantastbaren Gastrecht zu schützen, bietet Lot stattdessen an, der Menge seine beiden Töchter zu übergeben. Es kommt nicht zur Auslieferung, aber dennoch ist die Geschichte, die hier erzählt wird, empörend. Wegen der Boshaftigkeit der Menschen wird Gott Sodom und Gomorrha zerstören.

Lot aber wird als Gerechter angesehen, der gerettet wird. Er flieht vor der bevorstehenden Zerstörung Sodoms, auf dieser Flucht stirbt seine Frau. Mit seinen Töchtern findet er Unterschlupf in einer Höhle. In der Erzählung heißt es, beide Töchter befürchten nun, da kein Mann mehr für sie erreichbar ist, kinderlos zu sterben. So schmieden sie folgenden Plan: „Komm, lass uns unserem Vater Wein zu trinken geben und uns zu ihm legen, dass wir uns Nachkommen schaffen von ihm." (19,32)

Also machen sie den Vater betrunken und verführen ihn, erst die eine, dann, in der folgenden Nacht, die andere. Beide werden schwanger und bringen ein Kind zur Welt: Moab und Ben-Ammi. Durch sie werden die

Stammväter der Nachbarvölker Israels ins Leben gerufen, die Moabiter und die Ammoniter. Soweit die Erzählung.

Inzest ist ein Tabu. Es wird in der Bibel ganz klar mit Verbot belegt (3. Mose 18). Die biologische Sinnhaftigkeit dieses Verbots wird heute durch die Humangenetik belegt: Geschwister sowie Eltern und ihre eigenen Kinder haben viele ähnliche Gene, sodass die Wahrscheinlichkeit von Erbkrankheiten bei ihrem Nachwuchs sehr hoch ist. Untersuchungen haben ergeben, dass vierzig Prozent der Kinder aus inzestuösen Verbindungen geistig behindert sind. In Deutschland hat jüngst der Fall eines Geschwisterpaares Aufmerksamkeit erregt, das zusammen vier Kinder hat. Zwei davon sind leicht behindert. Der junge Mann ging mit seiner Klage für eine rechtmäßige Verbindung bis zum Bundesverfassungsgericht, das aber die Beschwerde abwies (13.3.08). Inzest bleibt also strafbar.

Darüber hinaus hat das Inzestverbot auch einen enormen Schutzcharakter für die nachwachsende Generation. Immer wieder gibt es Fälle von sexueller Gewalt von Vätern gegenüber ihren Töchtern – in größter Brutalität hat das in jüngster Zeit der Fall von Amstetten gezeigt. Die eigene Familie muss jedoch der zentrale Schutzraum für Heranwachsende sein. Finden sie dort keine Sicherheit vor sexueller Belästigung oder gar Vergewaltigung, ist das eine tiefe psychische Belastung. Wo sonst soll es Sicherheit geben? Von ihren Vätern vergewaltigte Töchter sind ein Leben lang seelisch verletzt, sie haben es schwer, zu einer freien, selbstbestimmten Sexualität zu finden.

Die Geschichte von Lots Töchtern ist eine klassische Verführungsgeschichte: Es müssen die Mädchen gewesen sein, die den Vater genötigt haben. Daraus entsteht eine Lolita-Version, in der dem jungen Mädchen wegen seines sexualisierten Auftretens die Verantwortung für den Geschlechtsakt mit dem älteren Mann zugeschoben wird. Von manchen wird es daher heute als Männerprojektion angesehen, dass die Töchter den Vater verführt haben sollen. Ist das nicht eine allzu beliebte Phantasie? Dass Lot nicht gerade zimperlich mit der Sexualität seiner Töchter umgeht, zeigt ja die Szene in Sodom. Was mögen die Mädchen gedacht haben, als sie die johlende Menge draußen vor der Tür gesehen haben! Voller Angst und Schrecken müssen sie gewesen sein, das kann jeder Mensch bis heute nachempfinden. Und dann hören sie, wie der Vater sie beide anbietet, damit die Männer sich über sie „her machen" können. Was für ein Verhältnis haben die Töchter zu ihrem Vater, der so mit ihnen umgeht?

Auf der Flucht aus Sodom war ihre Mutter gestorben. Sie hatte sich gegen das Gebot der Engel Gottes, die sie aus der Stadt gebracht hatten, umgedreht, wollte wohl einen letzten Blick auf ihr Zuhause werfen – und erstarrte zur Salzsäule. Nun sind die Mädchen schutzlos, allein mit dem Vater, der sie kurz zuvor noch preisgeben wollte, vor dem sie Angst haben müssen.

Die Geschichte ist verwirrend. Deutlich wird: Nachkommenschaft muss erhalten werden. Sodom und Gomorrha, die nächstliegenden Siedlungen, waren zerstört. Aber damit waren ja nicht alle Männer vom Erdboden getilgt. Irgendwann hätten Vater und Töchter die Höhle verlassen, und dann wären da doch andere Männer für sie zu finden gewesen. Woher dieser Druck, der in der Geschichte zum Ausdruck kommt?

Die Geschichte von Lots Töchtern ist schwer zu verstehen. Es scheint so, als seien die beiden einem System hilflos ausgeliefert, in dem es nur darum geht, Kinder zu bekommen, egal wie, egal von wem. Was mag eine Tochter fühlen, die vom Vater schwanger ist? Ihre Söhne Moab und Ben-Ammi sind nicht nur Cousins, sondern auch Brüder. Sind die Töchter nun den Rest ihres Lebens auf diesen Vater angewiesen? Wenn wir sie einmal als reale Personen annehmen - wer wird sich ihnen als Mann nähern, mit dieser Vorgeschichte in der Höhle, die ja aufgrund der Schwangerschaften zu ahnen ist?

Ein junges, unerfahrenes Mädchen mag mit dem Vater kokettieren. Es probiert die eigene Weiblichkeit aus. Aber von einem Vater ist zu erwarten, dass er die Grenze der Sexualität wahrt, Respekt hat vor der Integrität und Würde der Tochter. Sie muss ihre eigene Sexualität erst begreifen, lernen, wer sie ist, was sie will, was körperliche Liebe bedeutet. Lots Töchter haben in dieser Geschichte noch nicht einmal einen Namen. Sie sind schlicht Objekte, mal an Fremde verschachert, mal vom Vater „beschlafen". Am Ende ist es in der Erzählung ihre Schuld. Das lässt die Leserin und den Leser fassungslos zurück. Und lässt uns für ein Inzesttabu eintreten, das gesetzlich unter Strafe stellt, dass ein Vater Geschlechtsverkehr mit der Tochter hat. Ein Gesetz zum Schutz von Mädchen auch davor, dass behauptet wird, sie selbst seien die Verführerinnen.

Die biblische Geschichte hat die Funktion, zu erklären, wie die Nachbarvölker Israels entstanden sind. Wenn wir uns die beiden jungen Frauen aber als reale Gestalten vorstellen, so wäre ihnen vor allem zu wünschen, dass sie abseits von Lot einen eigenen Weg mit ihren Kindern finden konnten. Einen eigenen Weg mit aufrechtem Gang als Mutter eines Kindes, auch in dem Wissen, dass es durch Inzest gezeugt wurde.

Maria
Mutter in schwierigen Verhältnissen

Matthäus 1; Lukas 2

Maria gilt als die fürsorgliche Mutter schlechthin. Sie steht zu ihrer Schwangerschaft, auch wenn sie nicht geplant war. Sie begleitet ihren Sohn bis zuletzt, bis zum bitteren Ende – sie steht sogar unter seinem Kreuz, als er stirbt. Von keiner anderen biblischen Gestalt, außer Jesus, gibt es derart viele Abbildungen und Darstellungen. Sie reichen von der jungen Mutter, die den Säugling im Arm hält – das zentrale Symbol für Mutterliebe –, bis zu den Darstellungen als „Pieta": die Mutter, die den toten Sohn umfasst. Beides sind Sinnbilder von mütterlicher Liebe und mütterlichem Leid.

Wenn wir zur biblischen Geschichte zurückgehen, ist Maria zunächst eine junge Frau, die unehelich schwanger wird. Beim Evangelisten Matthäus ist zwar der ganze Stammbaum Jesu von Josef hergeleitet, schwanger aber, so Matthäus, wurde sie „ehe Josef sie heimholte". Und beim Evangelisten Lukas fragt Maria selbst, wie sie schwanger sein könne, wenn sie doch „von keinem Manne weiß". Allerdings ist bei Lukas die Rede davon, dass Josef mit seinem „vertrauten Weibe" nach Bethlehem zog …

Was heißt das? Seit Jahrhunderten steht die Frage im Raum, ob nun Josef der leibliche Vater Jesu war. Für mich ist das mit Blick auf meinen Glauben zweitrangig. Gott hat Jesus von den Toten auferweckt – das ist der Dreh- und Angelpunkt des christlichen Glaubens! Erst von Ostern her, im Rückblick sozusagen, wird auch die Geburt interessant. Geboren wurde Jesus von einer jungen Frau, Maria. Matthäus zitiert an jener Stelle, die so oft genannt wird (1,23) die griechische Übersetzung einer Verheißung des Propheten Jesaja (7,14), die den griechischen Begriff „Jungfrau" (parthenos) gebraucht. Im Ausgangstext der Jesajastelle aber steht „almah", der hebräische Begriff für „junge Frau". Die Rede von der Jungfräulichkeit kennen die ältesten Überlieferungen im Neuen Testament gar nicht. Der jüdischen Glaubenswelt war offensichtlich der Gedanke einer Jungfräulichkeit im körperlichen Sinne fremd. Im griechischen und ägyptischen Umfeld aber gehörte sie zu manchem Heldenepos.

Die Fixierung auf körperliche Jungfräulichkeit hat dabei auch ein Frauenbild transportiert, das biblisch so nicht belegt ist. Es setzt der „sündigen Eva" eine „heilige Maria" entgegen. Eine ganze Geschichte der Sexualitätsfeindlichkeit und Frauenunterdrückung hat sich an falsch verstandener Jungfräulichkeit orientiert. Sexualität ist biblisch gesehen nicht Sünde, sondern Geschenk Gottes. Zur Sünde wird sie, wenn andere in ihrer Würde verletzt werden oder verantwortungslos gehandelt wird.

Maria ist eine junge Frau, die auf wundersame Weise die Mutter des Gottessohnes wurde. Können wir das nicht so stehen lassen, als Geheimnis des Glaubens? Sie ist eine junge Frau, die insofern Jungfrau war, als sie offen war für Gott, für Gottes Heiligen Geist. Gott selbst kommt in die Welt, es geht um Vertrauen in sein Wirken, es geht allein um den Glauben – dafür kann „Jungfrauengeburt" eine Beschreibung sein. Deshalb kann ich diesen Satz im Glaubensbekenntnis auch gut mitsprechen. Mit in manchen Kulturen geradezu fanatischer Sorge um sexuelle Jungfräulichkeit hat das nichts zu tun.

Und Maria kann in ihrer Situation ein Trost sein für Mütter, die in nicht ganz einfachen Beziehungsverhältnissen ein Kind bekommen. In den westlichen Gesellschaften ist es heute kein Drama mehr, unverheiratet schwanger zu sein. Und es ist gut, dass den Kindern der Makel der Unehelichkeit genommen wurde. Für Frauen ist es auf jeden Fall eine ungeheure Erleichterung und Ermutigung, wenn es heißt: Wir freuen uns mit dir! Statt: Wir verachten dich, ja verstoßen dich! Wie viele Demütigungen und bittere Erfahrungen haben unverheiratete schwangere Frauen über sich ergehen lassen müssen. Welche Erniedrigung hat manches Kind erlitten, weil seine Eltern nicht verheiratet waren! Wie viele Schwangerschaften wurden aus Angst vor diesem Makel frühzeitig beendet. Und in wie vielen Ländern dieser Erde ist das noch heute ganz aktuell der Fall!

Für Frauen ist es aber auch hierzulande heute nicht leicht, ohne den Vater des Kindes, das sie zur Welt bringen werden, ihren Weg zu gehen. Da muss eine Frau ihr ganzes Leben auf das Kind umstellen und kann sich nicht darauf verlassen, dass der Mann, mit dem sie zusammen war, den sie vielleicht liebt, der jedenfalls der Vater ihres Kindes ist, ihr zur Seite steht. Neudeutsch heißt das „alleinerziehend". Und auch wenn eine solche Situation bereits zur Normalität gehört, macht es die Lage doch nicht einfacher. Alleinerziehende Mutter zu sein, ist in Deutschland ein Armutsrisiko. Wie bitter ist es für eine Mutter, wenn sie die Erfahrung macht, dass sie dem eigenen Kind nicht bieten kann, was andere Eltern möglich machen. Die Freude über eine Schwangerschaft stellt sich nur schwer ein, wenn der Vater des Kindes, wenn das Umfeld, die Familie die Frau nicht unterstützen. Es ist eine Belastung, ein Kind ohne ausreichende finanzielle Mittel großzuziehen. In Deutschland wächst heute jedes sechste Kind in Armut auf. Das bedeutet auch für die Mütter manche bittere Erfahrung: Ich würde ihm gern die Jeans kaufen, die er sich wünscht. Es wäre auch schön für mich, wenn sie die Puppe bekommt, nach der sie sich so sehr sehnt ... Es ist bitter für eine Mutter, wenn Armut die Kindheit ihres Kindes prägt.

Sehen wir den Fortgang der biblischen Geschichte um Maria, dann war Josef offenbar ein durchaus engagierter Vater. Lukas berichtet, dass er im Stall bei der Geburt anwesend war. Das ist durchaus erstaunlich. Historisch betrachtet ist es immer noch ein sehr neues Phänomen, dass Väter bei der Geburt ihrer Kinder dabei sind. Und gewiss ist das Dabeisein in einer Klinik in Deutschland eine leichtere Aufgabe, als das in einem Stall in Israel vor 2000 Jahren der Fall war – ohne Hebamme, ohne Arzt! Und dann flüchtet Josef, so erzählt Matthäus, kurz nach der Geburt mit Frau und Kind nach Ägypten, um den Sohn vor den Pogromen des Königs Herodes in Sicherheit zu bringen.

Überhaupt ist Josef mit Blick auf dieses bald schon so „schwierige" Kind ein sehr präsenter Vater. Als 12-Jähriger etwa, so erzählt das Evangelium (Lukas 2,41ff.), setzt Jesus sich bei einem Besuch Jerusalems ab. Plötzlich ist er verschwunden. Suchen müssen ihn die Eltern – und finden ihn im Tempel. Nach diesen Berichten verliert sich die Spur des Josef als Vater. Von Maria, der Mutter, ist bis zuletzt die Rede. Auch sie muss damit leben, dass ihr Sohn in armen Verhältnissen zur Welt kommt.

In jüngsten Diskussionen wurde die Krippe geradezu symbolisch zu dem Ort der Vernachlässigung, verkürzt auf die Aussage: mangelnde Mutterliebe – abgeschoben in die Krippe. Das ist neben dem missverstandenen Mutterbild auch eine Missachtung der Leistung vieler Erzieher/innen. Wenn wir uns die Krippe in der Geburtsgeschichte Jesu, in der Weihnachtsgeschichte bei Lukas anschauen, dann ist sie sicher ein Zeichen der Armut: Das neugeborene Baby wird in eine Futterkrippe gelegt. Da ist keine Wiege, kein Himmelbett. Aber die Krippe ist auch zum Sinnbild von Liebe und Geborgenheit geworden. Maria und Josef tun für dieses Kind, was sie können, so schwierig die Situation sein mag. Solche Eltern, die auch in aller Armut für ihr Kind da sind, wünschen wir jedem Kind. Wenn wir die Weihnachtsgeschichte des Lukas als eine Geschichte lesen, in der ein Kind in Armut zur Welt kommt und dabei einen guten und behüteten Anfang hat, dann zeigt sich: Es braucht aufmerksame Nachbarn wie die Hirten, die genau hinschauen, wie es dem Kind geht. Es braucht großzügige Weise, die für die materielle Absicherung des Kindes sorgen. Denn das ist sicher das zentrale Bild für Weihnachten: Gott kommt als Kind in eine Welt, die nicht heil und wohlig ist. Aber das Kind wird geliebt und so zum Zeichen der Verletzlichkeit des Lebens. Es mahnt uns, auf die besonders Verletzlichen, auf die Kinder zu achten.

Es ist gut, Maria als Mutter zu entdecken, die in schwierigen Verhältnissen ein Kind bekommt. Da wird geredet und gemunkelt. Ihr Sohn benimmt sich nicht immer so, wie es „sich gehört". Einmal bittet sie darum, gemeinsam mit seinen Brüdern mit ihm reden zu dürfen. Sie wird schroff zurückgewiesen. Jesus sagt vor allen: „Wer ist meine Mutter und wer sind meine Brüder?" (Matthäus 12,48) Sie steht am Ende unter einem Kreuz und muss ertragen, dass ihr Sohn stirbt wie ein Verbrecher. Wie fühlt sich so eine Mutter?

Maria muss mit manchem Makel leben, mit mancher öffentlichen Provokation durch ihren Sohn. Die Geschichte Marias zeigt uns, wie eine Mutter die Liebe zum eigenen Kind durchhalten kann, auch wenn es schwierig wird. Wenn ich nicht verstehe, was vor sich geht. Wenn der Kummer mein Herz umschnürt. Dann das Vertrauen zu haben: Dieses Kind wird seinen eigenen Weg gehen. Immer wieder zu sagen: „Ich hab dich lieb, auch wenn ich dich nicht verstehe", das ist eine wichtige Haltung für Mütter.

Dass Jesus auch seine Mutter geliebt hat und sich ihrer Liebe als Mutter sehr bewusst war, wird in der Schilderung seines Todes im Johannesevangelium auf berührende Weise wahrnehmbar. Unter seinem Kreuz steht Maria und neben ihr Johannes, der Jünger, von dem betont wird, wie sehr Jesus ihn lieb hatte. Kurz bevor er stirbt, sagt er zu seiner Mutter: „Das ist dein Sohn!" Und zu Johannes: „Das ist deine Mutter." In der Bibel heißt es: „Und von der Stunde an nahm sie der Jünger zu sich." Johannes sorgte materiell für sie, und Maria ist damit wieder Mutter eines Sohnes, den sie nicht geboren hat. Für solche Mutterschaft fehlt uns ein Begriff.

Aber auch solche Konstellationen gibt es heute, wenn über die Generationen hinweg eine neue Bindung jenseits der biologischen entsteht. Vielleicht gilt es, darüber ganz neu nachzudenken – in einer Zeit, in der Familienformen sich verändern, in der Mehrgenerationenhäuser nicht von Mitgliedern einer biologischen Familie bewohnt werden, sondern von Menschen, die „wahlverwandt" sind, die sich auf freiwilliger Basis umeinander kümmern.

Jochebed
Aussetzende Mutter

2. Mose 2,1ff.

Die Mutter des kleinen Mose ist in höchster Not. Der Pharao hatte befohlen, alle männlichen Nachkommen der Israeliten zu töten, die als Gast- und Sklavenarbeiter in seinem Land leben. Ja, sie wird Angst gehabt haben, panische Angst, schon in der Schwangerschaft: Was, wenn es ein Junge wird? Ihren Namen kennen wir aus einer kleinen Anmerkung im 2. Buch Mose Kapitel 6 Vers 20; und wir können ihre Ängste nachvollziehen. Sie bringt es nicht übers Herz, abzutreiben. Und als ihr Sohn geboren ist, kann sie das Kind doch nicht töten. Das soll wohl angedeutet werden mit dem Satz: „Als sie sah, dass es ein schönes Kind war ...“ Es ist ja ihr Kind, auch wenn sie gewiss gehofft hat, es sei kein Junge. Was tun? Sie geht das große Risiko ein und verbirgt den Säugling, drei Monate lang. Drei Monate Heimlichkeit, das Baby beruhigen, damit es nicht schreit, drei Monate Angst vor dem Entdecktwerden. Eine Zeit aber auch der Liebe, der Zuwendung, der mütterlichen Gefühle für dieses kleine neugeborene Wesen. Was für drei Monate des überschatteten Glücks!

Jochebeds einzige Vertraute ist Mirjam, die ältere Tochter, die einzige, die all die Ängste und Sorgen mit ihr teilt, die sich aber auch über dieses Baby mitfreut und mit der Mutter Auswege sucht für das Überleben des Bruders. Miriam und ihre Mutter sind ein schönes biblisches Beispiel für eine gute, gelingende Mutter-Tochter-Beziehung. Dann, als der Mutter klar wird, dass sie ihn nicht länger verbergen kann, als es unmöglich wird, das muntere Kerlchen zu verstecken, wird die Frage drängend: Was tun? Was, wenn ihn die Kontrolleure des Pharao finden? Was, wenn die Nachbarn sie verraten?

Eine Schwangerschaft macht eine Frau höchst verletzlich! Nicht nur ihr Körper verändert sich; die nötige Umstellung des Lebens, die Hormonschwankungen belasten auch die Psyche. Die werdende Mutter hat jetzt ganz neue Probleme, Sorgen um das ungeborene Kind. Was soll werden? Wie kann ich mein Kind schützen? Wie kann ich Bedingungen schaffen, unter denen es so aufwächst, dass es seine Gaben entfalten kann? Die Jahrtausende haben vieles verändert, die Lebensumstände sind heute auf dem Globus sehr unterschiedlich, aber eines ist gleich geblieben: die Ängste einer Frau in Schwangerschaft und Geburt, die Gedanken und Sorgen um das Leben, das beginnt.

In unserem Land ist in jüngster Zeit immer wieder von Kindstötungen zu lesen. Frauen verbergen ihre Schwangerschaft, wie auch die Mutter des Mose es tat. Manche tun das sicher aus Angst: weil der Ehemann kein Kind oder kein weiteres Kind will. Weil die Eltern es als Kränkung ihrer Ehre empfinden würden, wenn die Tochter unehelich schwanger ist. Weil der Freund sich nicht mehr blicken lässt, seit er von der Schwangerschaft weiß. Weil die finanzielle Situation ausweglos erscheint. Manche Frauen verdrängen die Schwangerschaft offenbar auch vor sich selbst. Es ist unendlich schwer für eine Frau, schwanger zu sein, wenn sie nicht schwanger sein will oder darf. Enorme emotionale Konflikte müssen sich in ihr abspielen!

Heute wird immer wieder die hohe Zahl der Abtreibungen in Deutschland beklagt und auch die Tatsache, dass Deutschland ein Land ist, in dem so wenige Kinder leben. Ja, das ist einfach traurig. Wir müssen uns aber auch fragen, welche Strukturen, welche gesellschaftliche Haltung diesem Phänomen eigentlich zugrunde liegt. Welch eine Stimmung herrscht hierzulande und wie leben wir, wenn Frauen so wenig ermutigt werden, Kinder zu bekommen? Bei einer Abtreibung geht es um eine schon bestehende Schwangerschaft. Wer Abtreibungen verhindern und zum Kind ermutigen will, darf nicht bei hehren Worten, großen Ermahnungen und wunderbaren Prinzipien stehen bleiben. Nein, da sind konkrete Hilfsangebote nötig, die einer Frau einen Weg eröffnen, das Kind zu bekommen. Einen Weg zum Leben, mit dem Kind oder auch getrennt von dem Kind. Wir müssen in diesem Zusammenhang fragen, wie es sein kann, dass eine Abtreibung weniger tabuisiert ist als die Freigabe eines Kindes zur Adoption. Wären Mütter, die zu der Entscheidung finden, ihr Kind zur Adoption freizugeben, anders akzeptiert, dann wären wohl auch Kindesaussetzungen seltener.

Dass Neugeborene ausgesetzt wurden, das gab es durch die Jahrhunderte der Geschichte hindurch immer. In manchen Kirchen gab es Nischen, in denen Frauen die Kinder ablegten. Heute gibt es Babyklappen, die ich in Erinnerung an den kleinen Mose lieber Babykörbchen nenne. Eine Frau gibt ihr Neugeborenes in die Obhut anderer. Das sollte nicht verurteilt werden, es ist ein Ausweg für Mutter und Kind, bei dem beide geschützt sind.

Die Lebenssituationen schwangerer Frauen sind nicht immer leicht zu verstehen. Es ist einfach, über sie zu urteilen: Warum werden sie überhaupt schwanger? Wie kann das passieren? Warum sehen sie keinen Weg mit ihrem Kind? Wer so fragt, macht es sich zu leicht. Schwangerschaft verändert das Leben einer Frau fundamental. Außenstehende sollten sich hüten, allzu schnell ein Urteil zu fällen. Wenn die Frau selbst sich fragt, wie sie diese völlige Umwälzung ihres Lebens bewältigen soll, dann gibt es oft tiefe Fragen. Hier fehlt die Unterstützung des Partners, dort die der Eltern. Hier gibt es eine finanzielle Krise ohne Ausweg, da Auseinandersetzungen um die Herkunft. Vor allem fühlen sich viele Frauen völlig alleingelassen.

Jochebed, die Mutter des Mose, ist nicht völlig allein. Sie hat eine Tochter, mit der sie sich berät, Mirjam. Gemeinsam finden sie einen Ausweg, wie der kleine Junge eine gute Zukunft finden könnte. In einem Weidenkörbchen setzen sie ihn auf dem Fluss aus. Die Tochter des Pharao wird das Baby beim Baden finden und ihn als Adoptivsohn aufnehmen.

Wie mag es der „abgebenden Mutter" ergangen sein? Von Frauen, die abgetrieben haben, ebenso wie von Frauen, die ihr Kind zur Adoption freigegeben haben, weiß ich: Sie wird immer wieder an ihren Sohn gedacht haben. Die Mutter des Mose hat es gut, denn ihre Tochter Mirjam begleitet den Kleinen aus der Ferne, bis er von der Tochter des Pharao aufgenommen wird. Und dann kann Mirjam sogar dafür sorgen, dass Mose von seiner leiblichen Mutter als Amme gestillt wird. Was muss das für eine Freude für die Mutter gewesen sein, ihr eigenes Kind, ganz legal bei sich zu haben, ganz geschützt. Doch dann musste sie ihn wieder abgeben, weil die Umstände das verlangten. Das ist schwer für eine Mutter.

Jochebed wird den Weg ihres Kindes aus der Ferne begleitet haben. Erst wächst er am Hofe auf, ein sicher verwöhntes Kind, mit Macht und Reichtum ausgestattet. Manches Mal hat er aber vielleicht auch die Fremdheit gefühlt, sich nach Zugehörigkeit gesehnt und die Amme vermisst. Schließlich ermordet er einen Aufseher, wendet sich ab von der Umgebung, in der er aufgewachsen ist, wird zum Revolutionär geradezu und führt schließlich sein eigenes Volk in die Freiheit. Seine Mutter wird mit ihm gelitten haben, bewegt gewesen sein von dem, was sie mitbekommen hat. Mütter, die ihr Kind aussetzen oder zur Adoption freigeben, vergessen es ja nicht. Immer wieder, wenn sich ihre Situation verändert, haben sie eine tiefe Sehnsucht zu wissen, wie es ihrem Kind ergeht.

Bei uns gibt es heute „offene Adoptionen", das ist eine große Errungenschaft. Das Kind weiß von Anfang an: Ich bin adoptiert. Es weiß, wer seine biologische Mutter ist, vielleicht gibt es sogar die Möglichkeit, sie ab und zu zu sehen. Und dann ist da die Adoptivmutter, die es großzieht, die mit ihm lebt, die es prägen wird, die ihm geben kann, was die leibliche Mutter, aus welchen Gründen auch immer, nicht konnte. Es scheint mir wichtig, das Bild der abgebenden Mutter positiv zu werten. Sie will ja das Beste für ihr Kind! Sie weiß, sie selbst kann ihm keine optimalen Lebensumstände bieten, sie sieht keine Möglichkeit, dieses Kind ins Leben zu begleiten. Wenn sie dann eine Möglichkeit findet, es in Obhut zu geben, ihm ein Umfeld zu eröffnen, in dem es willkommen geheißen wird, ist das eine große und weitherzige Tat. Es gehört Mut dazu und Entschlossenheit, einen solchen Weg zu gehen. Der Schmerz der Trennung liegt bei der abgebenden Mutter. Wenn sie weiß, wohin ihr Kind geht, kann das ein großer Trost, ja eine Beruhigung sein.

Mich wundert, dass diese Frage so selten thematisiert wird. Die Scham der abgebenden Mütter muss groß und schwer belastend sein. Sie spüren offenbar, dass die Gesellschaft sie verurteilt …

Ein Leben lang denken die abgebenden Mütter an ihre Kinder. Oft suchen adoptierte Kinder aber auch ein Leben lang nach ihren leiblichen Müttern. Das ist eine schwere Belastung, auch für die Adoptivmutter. Aber es kann einen guten Verlauf nehmen wie bei Mose, der seine Rolle und Aufgabe finden wird. Ob sie dabei war beim Auszug aus Ägypten, seine Mutter? Wir wissen es nicht, die Bibel erzählt nie wieder von ihr. Wenn sie aber bei denen war, die ihrem Sohn auf dem Weg in die Freiheit folgten, wie stolz wird sie auf ihr Kind gewesen sein, das ursprünglich nie geboren werden sollte.

Noomi
Schwiegermutter

Buch Rut

Jeder Priester, jede Pastorin begegnet irgendwann in einem Traugespräch dem Wunsch nach folgendem Trauspruch: „Wo du hingehst, da will ich auch hingehen: wo du bleibst, da bleibe ich auch." Ein wirklich schöner Satz, in der Tat, eine Liebes- und Vertrauensbezeugung. Allerdings geht es in der Beziehung, in der dieser Satz gesagt wurde, nicht um einen Mann und eine Frau, sondern um Schwiegertochter und Schwiegermutter.

In der Bibel wird in dem kleinen Buch „Rut" ihre Geschichte erzählt: Noomi und ihr Mann Elimelech, die aus Bethlehem stammen, leben mit ihren Söhnen Machlon und Kiljon in der Fremde. Nach Elimelechs Tod, heiraten die Söhne zwei Frauen aus dem Volk der Moabiter, Orpa und Rut. Als dann aber auch Noomis Söhne vor ihr sterben, will sie zurückkehren in ihr Heimatland. Ihren beiden Schwiegertöchtern sagt sie: „‚Geht hin und kehrt um, eine jede ins Haus ihrer Mutter! Der Herr tue an euch Barmherzigkeit, wie ihr an den Toten und an mir getan habt. Der Herr gebe euch, dass ihr Ruhe findet, eine jede in ihres Mannes Hause.' Und sie küsste sie. Da erhoben sie ihre Stimme und weinten und sprachen zu ihr: ‚Wir wollen mit dir zu deinem Volk gehen.' Aber Noomi sprach: ‚Kehrt um, meine Töchter!'" (Rut 1,8ff.)

Orpa kehrt daraufhin schließlich um, aber Rut geht mit ihrer Schwiegermutter. Die beiden werden vieles erleben, am Ende wird Rut Boas heiraten, einen Israeliten. Sie wird einen Sohn gebären, einen Vorfahren des Königs David. Diese Frauenbeziehung ist die Keimzelle einer starken neuen Familie!

Diese Geschichte ist sehr berührend, bis heute. Sie zeugt von einer Gemeinschaft von zwei Frauen, die eigentlich nicht zusammengehören. Schwiegermütter haben einen schlechten Ruf, auch in unserer Zeit: Sie lieben den Sohn am meisten, wollen nur das Beste für ihn, und keine Frau ist gut genug für ihn; eine Schwiegertochter stört … Und auch die Mutter der Tochter hat einen schwierigen Stand: Gern wird gewitzelt, was für ein „Drache" sie sei, wie sie den Schwiegersohn gängelt. Und auch mit Blick auf die Enkelkinder kann es schnell Konflikte geben: Sie erlaubt Nutella, die Eltern wollen das nicht. Die Eltern lassen die Ins-Bett-Geh-Zeiten schleifen, die Schwiegermutter findet das falsch. Die Schwiegermutter hat das Gefühl, zu allem schweigen zu müssen, die Eltern empfinden ihre Einmischung als Entmündigung … Rut, Boas und Noomi gelang es offenbar, auch angesichts all der möglichen Spannungen, einen Weg miteinander zu finden. Einen Weg, der von gegenseitiger Liebe und von Verständnis füreinander zeugt.

Als meine vierte Tochter geboren wurde, sagte der Arzt fast vorsichtig-tröstend: „Es ist wieder ein Mädchen." Vermutete er, ich sei nur noch einmal schwanger geworden, um einen Sohn zu bekommen? Und eine Bekannte sagte: „Machen Sie sich nichts draus, die Jungs kommen von ganz alleine!" Und das ist ja dann in der Tat so. Noch bin ich keine Schwiegermutter, habe aber doch die jungen Männer, die an der Seite meiner Töchter auftauchen, durchaus ins Herz geschlossen, weil ich sehe und erlebe, wie sie meinen Töchtern zur

Seite stehen und dass meine Töchter sie lieben. Wie aber wäre es, wenn ich die „Jungs" nicht mögen würde? Es gäbe sicher eine gewisse Entfremdung, ein Gefühl der Abwehr. Jede Mutter will das Beste für ihr Kind. Nachdem die Mutter die erste Lebensphase so innig begleitet hat, schaut sie sehr kritisch, mit wem das Kind den Rest des Lebens teilen will.

Vielleicht ist es das, was Schwiegermütter so schnell zur Karikatur macht: Sie lieben das eigene Kind, möchten es schützen und wollen nur das Beste. Wenn dann die Liebe des Kindes einem anderen Menschen gilt, der nicht den eigenen Vorstellungen entspricht, können sie sehr kritisch werden. Niemand kann so verletzen wie jemand, den wir sehr gut kennen, ja lieben. Und sicher ist es oft auch wahr, dass Mütter spüren: der neue Partner, die neue Partnerin ist nicht wirklich gut für mein Kind. Gewiss steckt dahinter manchmal die Überzeugung: So gut wie ich kann niemand mein Kind versorgen! Oder es gibt Eifersucht: Mein Kind liebt einen anderen Menschen mehr als mich! Oder es ist die Unfähigkeit, loszulassen: Die Phase der Kindererziehung ist vorbei, nun muss ich selbst wissen, wer ich bin. Mein Leben kann nicht mehr völlig auf die Kinder ausgerichtet sein. Sie leben ihr Leben, dafür brauchen sie Freiheit – und ich als Mutter muss sie auch freigeben.

Gleichzeitig gibt es viele Schwiegermütter, die unendlich viel leisten, um ihre Kinder und Schwiegerkinder zu unterstützen. Ganz oft entwickeln sie eine eigene Liebe zu den Schwiegerkindern. Noomi aus der Bibel ist ein wunderbares Beispiel dafür. Sie scheint Orpa und Rut wirklich zu lieben. Sie will das Beste für

Noomi

die beiden, vor allem nach dem schweren Verlust ihrer Söhne. Es muss hart für Noomi gewesen sein, erst den Mann und dann die Söhne zu verlieren. Enkel wurden ihr nicht geboren, so zieht es sie zurück in die Heimat. Das ist nachvollziehbar. Nun sucht sie wenigstens im eigenen Land Geborgenheit, bei Menschen, die sie kennt, in einer Sprache, die ihr vertraut ist.

Dass beide Schwiegertöchter mit ihr in ein für sie fremdes Land gehen wollen, ist ein tiefes Zeichen der Zuneigung dieser Frauen zueinander. Solche Liebe kann wachsen, über Generationen hinweg. Geschichten darüber werden oft mündlich erzählt, von Großmüttern und Schwiegertöchtern auf der Flucht etwa. Aber auch im ganz normalen Alltag stützen viele Großmütter ihre Töchter und Schwiegertöchter bei der Kindererziehung, das erlebe ich oft. Und auch heute noch, auch in unserem Land, stützen umgekehrt viele Frauen ihre Mütter und Schwiegermütter im Alter, wenn sie Hilfe benötigen. Schade, dass Frauenfreundschaft ein seltenes Thema der Literatur ist. Umso wichtiger ist das Buch Rut!

Noomi ist die „beste Schwiegermutter der Welt", so würde jedenfalls Hollywood sie nennen. Dankbar können wir auf ihre Geschichte zurückschauen. Sie hat ihren Mann und ihre Söhne verloren. In Liebe gibt sie ihre Schwiegertöchter frei, wünscht ihnen das Beste, ja rät ihnen, neu zu heiraten. Das ist ein Zeichen großer innerer Freiheit. Orpa folgt diesem Wunsch, Rut fühlt sich wohl zu tief an Noomi gebunden. Als Rut nach langen Wirrungen Boas heiratet, einen Israeliten, und sich somit in Noomis Heimat verortet, und dann noch einen Sohn, Obed, zur Welt bringt, freuen sich viele

Frauen mit Noomi. „Deine Schwiegertochter, die dich geliebt hat, hat ihn geboren, die dir mehr wert ist als sieben Söhne." (Rut 4,15) Eine Hommage an diese Frauenbeziehung! Es ist auch heute noch berührend, diese jahrtausendealte Geschichte zu lesen. Wir tun gut daran, das Bild der Schwiegermutter positiv zu verändern.

Rahel
Früh verstorbene Mutter

1. Mose/Genesis 30, 22–24.; 1. Mose/Genesis 35, 16–22

Rahel – sie ist die große Liebe des biblischen Jakob. Wie bitter muss es für sie, die Jakob ebenso liebte, gewesen sein, als ihr Vater, Laban, Jakob zuerst ihre ältere Schwester Lea zur Frau gab. Erst musste die Ältere verheiratet sein; dann konnte Jakob auch die Jüngere, die geliebte, zur Frau nehmen. Wie belastend diese Situation ist, lässt sich auch heute unschwer vorstellen. Und dann muss Rahel auch noch erleben, wie Lea, deren Magd und auch ihre eigene Magd, wie insgesamt also drei andere Frauen von „ihrem" Jakob schwanger werden, mit Kindern gesegnet sind. Sie selbst aber muss lange warten, bis sie endlich einen Sohn, Josef, zur Welt bringt.

Sie wird ihn arg verwöhnt haben, diesen Sohn, auf den sie so lange gehofft hat. Und die Bibel berichtet, dass auch sein Vater Jakob ihn verwöhnt hat. Es wird erzählt, dass Josef ein offenbar ziemlich hochnäsiger Knabe war, dessen Selbstverliebtheit die älteren Brüder später schließlich dazu brachte, ihn auf brutale Art und Weise verschwinden zu lassen. Rahel aber ist überglücklich über diesen Sohn. Und sie wünscht sich einen zweiten. Tatsächlich wird sie wieder schwanger. Doch „es kam sie hart an über der Geburt", wie die Bibel erzählt.

Nicht jede Geburt verläuft leicht und einfach. Ein Kind kann in Steißlage liegen, es kann quer liegen, die Nabelschnur um den Hals gewickelt haben. Die Mutter kann unerwartet viel Blut verlieren. Eine Geburt ist kein Kinderspiel, auch nicht im 21. Jahrhundert und auch nicht in den reichen Industrienationen. Mutterschaft – Schwangerschaft, Abbruch von Schwangerschaften und Gebären – und die entstehenden Konsequenzen sind für Frauen immer noch das Hauptrisiko, krank oder in ihrer Gesundheit geschädigt zu werden oder gar zu sterben. Dass Mütter oder Säuglinge vor, während oder nach der Geburt sterben, ist in den wohlhabenden Industrienationen zwar eine Seltenheit geworden. In der sogenannten Dritten Welt gehört dieses grausame Schicksal dagegen zum Alltag.

529.000 Frauen sterben weltweit pro Jahr während der Schwangerschaft, bei der Geburt oder im Wochenbett. Weniger als ein Prozent dieser Frauen kommen aus den reichen Industrienationen: In den reichen Industrieländern stirbt eine von 4085 Frauen durch Schwangerschaft und Geburt, in Zentralafrika eine von 13 Frauen! Hauptgründe sind heute wie zu Rahels Zeiten Blutungen, lebensbedrohliche Infektionen, Eklampsie (plötzlicher Bluthochdruck und Krämpfe) oder auch unsachgemäß durchgeführte Abtreibungen. Mehr als 300 Millionen Frauen in Entwicklungsländern leiden zudem unter kurz- oder langfristigen Erkrankungen, die durch Schwangerschaften und Geburten bedingt sind.

Auch in dieser Hinsicht ist bisher zu wenig erreicht worden. In vielen Ländern – vor allem in Afrika, Zentralasien und in Kriegsgebieten – ist noch nicht einmal die medizinische Minimalversorgung gesichert. Es mangelt an Trinkwasser und an einer ausreichenden und qualitativen Ernährung. Viele Frauen und Mütter hungern, ebenso wie ihre Kinder. Kompetente Schwangerenbetreuung und fachkundige Geburtshilfe sind in vielen Teilen der Welt keine Selbstverständlichkeit.

Es war bei einem Besuch unserer Partnerkirche in Äthiopien, als ich im Krankenhaus auf eine Frau traf, deren achtes Kind bei der Geburt quer gelegen hatte. Nach zwei Tagen in Wehen wurde sie auf einem Esel in die Klinik gebracht. Das Kind war bereits tot. Und sie hatte so viel Blut verloren, dass der Arzt meinte, ihre Überlebenschancen seien gering. Ich habe die verzweifelten Augen dieser Frau gesehen und kann über alle kulturellen und ökonomischen Grenzen hinweg ahnen, was das heißen mag. Sie musste sieben Kinder unversorgt in Armut zurücklassen ... Keine Frau will so viele Kinder gebären, wenn sie diese nicht versorgt weiß.

Rahel stirbt bei der Geburt ihres zweiten Sohnes. Sie weiß, dass sie sterben muss. Als ihr „das Leben entwich", nennt sie ihren kleinen Sohn Ben-Oni, Sohn meines Unglücks. Wie grausam muss das für sie gewesen sein! So sehr hatte sie sich ein zweites Kind gewünscht, es herbeigesehnt. Und dann weiß sie in ihrer letzten Stunde: Sie wird diesen Jungen nicht aufwachsen sehen. Nicht einmal stillen kann sie ihn, nichts mehr kann sie ihm ins Leben mitgeben.

Für Mütter ist es furchtbar, ihre Kinder zurücklassen zu müssen. Sie wollen das Kind schützen, behüten, behutsam in das Leben hineinführen. So wie der vorzeitige Tod des Kindes die Mutter verwaist zurücklässt, so verwaist hier das Kind. Es mag sein, dass sich andere kümmern, die Hoffnung ist da, dass der Vater dem Kind beisteht, vielleicht setzt Rahel in dieser Stunde sogar auf ihre Schwester Lea, mit der sie all die Jahre in Konkurrenz und Eifersucht lebte. Aber der Schmerz, das Kind zurückzulassen, das neugeborene Baby und auch noch den älteren Sohn, Josef, der war und ist grausam. Da helfen keine Beschwichtigungen. Es ist gewiss, dass die beiden Söhne ihre Mutter ein Leben lang vermissen werden, diese Trauer nehmen sie mit auf ihren Lebensweg.

Dass Rahel ihrem Sohn vor ihrem Tod noch einen Namen gibt, zeigt sie als umsichtige Frau. Sie will für ihn noch tun, was sie kann, vielleicht auch durch diesen Namen eine Spur in seinem Leben hinterlassen. Auch heute ist es wichtig, dass Mütter nicht ausblenden, dass sie sterben könnten; keine von uns ist unsterblich, der Tod kann jederzeit und unerwartet in unser Leben treten. Deshalb ist es gut, den eigenen Tod nicht zu verdrängen, sondern für den Todesfall zu regeln, was zu regeln ist. Wer soll das Sorgerecht haben, wie sind meine Kinder finanziell abgesichert? Habe ich ihnen gesagt, wie sehr ich sie liebe? Es ist gut, etwas zu hinterlassen und einem Menschen anzuvertrauen, was den Kindern im Falle eines Falles mitgegeben werden soll – als Gruß, Gedanke, Erinnerung. Und es ist wichtig, vorzusorgen für das, was Kinder nicht entscheiden sollten, etwa mit Blick auf Organspende oder lebensverlängernde Maßnahmen. Nein, niemand spricht gern über den Tod. Schon gar nicht eine Mutter mit ihren Kindern. Aber sie kann Vorsorge treffen, für den Fall, von dem alle hoffen, er möge nie eintreten, dass die Mutter allzu früh stirbt, bevor die eigenen Kinder erwachsen sind.

In dem Film „Seite an Seite" ist eine solche Konstellation thematisiert worden. Es ist ein Hollywood-Produkt und der Film ist oft kritisiert worden. Doch er stellt auf bewegende Weise dar, wie Jackie, die Mutter von Anna und Ben, die versucht, alles perfekt zu meistern, zutiefst verletzt ist, weil ihr Mann Luke sie für eine jüngere Frau, Isabel, verlässt. Als Jackie aber begreift, dass sie sterben muss, weil sie an einer unheilbaren Krankheit leidet, tut sie alles, um für ihre Kinder in Isabel eine Ersatzmutter zu finden, eine Bezugsperson zumindest, der sie neben ihrem Vater vertrauen können. Manche finden die Lösung kitschig, und vielleicht macht der Film den Konflikt am Ende auch zu einfach; aber gut daran finde ich, wie auf diese Weise ein Thema vermittelt wird, das in der Regel an den Rand gedrängt ist. Es geht darum, vorzusorgen für den Fall eines Falles.

Jakob trauert um Rahel, die Frau, die er so sehr geliebt hat. Ihre beiden Söhne werden sich in seiner großen Kinderschar seiner besonderen Liebe gewiss sein. Er errichtet ihr ein Grabmal, das unvergessen ist. Und er ändert den Namen seines Sohnes, dessen Geburtstag der Todestag seiner Mutter war: Nicht Ben-Oni soll er heißen, sondern Ben-Jamin, Sohn des Glücks. Das Glück Rahels ist es nicht gewesen. Und doch ist die Namensänderung wohl gut so: Wie könnte ein Kind mit dem Bewusstsein leben, durch die eigene Geburt den Tod der Mutter verursacht zu haben und daran täglich erinnert zu werden! Benjamin wird seinen Weg gehen, liebevoll behütet durch den Vater und auch die älteren Brüder. Aber er wird ein Leben lang die Mutter vermisst haben.

Rebekka
Bevorzugende Mutter

1. Mose 24ff.

Zwillinge sind bis heute etwas Besonderes! Bevor ich selbst Mutter von Zwillingen wurde, war mir das eher theoretisch klar. 22 Jahre später kann ich sagen: Auch für die Mutter ist es eine ganz eigene Erfahrung, Zwillinge großzuziehen. Diese Kinder sind sich oft so nahe, dass sich ihr immer wieder die Frage stellt: Was ist meine Rolle, wie finde ich zu jedem Kind eine eigene Beziehung?

Mehrfachgeburten haben in unserem Land eine steigende Tendenz, vor allem aufgrund von In-Vitro-Fertilisation und anderen Kinderwunschbehandlungen. So nahm in Deutschland die Zahl der Zwillingsgeburten von 1980 bis 1999 um 50 Prozent zu, 1999 wurden 12.000 Zwillinge geboren. Weltweit ist im Schnitt jede 40. Geburt eine Zwillingsgeburt.

Bis heute sind Zwillinge etwas Besonderes und Faszinierendes. Auch wenn auf dieser Welt jede Minute ein Kind geboren wird, ist jede Schwangerschaft und Geburt für jede Frau ein Risiko, eine hohe Anspannung und ein Wunder zugleich. Spürt sie in der Schwangerschaft: das sind zwei Kinder, oder diagnostiziert der Arzt per Ultraschall, dass da nicht nur ein Kind heranwächst, so kann das eine enorme Verunsicherung verursachen: Ich habe mir vielleicht ein Kind gewünscht, oder ich habe mich dazu durchgerungen, dieses Kind zu bekommen, obwohl ich es eigentlich nicht wollte – aber nun sind es zwei! Zwei Kinder erhöhen die möglichen Probleme, den Zeitaufwand, die finanzielle Belastung. Und gleichzeitig ist es eben auch ein doppeltes Wunder, zweifache Freude. Man staunt schlicht darüber, dass es möglich ist, in einer Schwangerschaft zwei Kinder auszutragen.

Rebekka

Die biblische Zwillingsmutter Rebekka war mutig, schon als junge Frau. Als Abrahams Knecht kommt und eine Braut für dessen Sohn Isaak sucht, erweist sie sich als selbstbewusst. Am Brunnen tränkt sie die Kamele des Knechts und lädt ihn zu sich nach Hause ein. Er erzählt von der Brautsuche und kommt schnell zur Sache: Er möchte Rebekka mitnehmen. Die Familie stimmt grundsätzlich zu, will sie aber nicht ganz so schnell gehen lassen. Doch der Knecht drängt zur Eile. Da ist es gut, dass es in der Geschichte heißt: „Wir wollen das Mädchen rufen und fragen, was sie dazu sagt." Rebekka entscheidet spontan, von zu Hause fortzuziehen, um die Frau eines Mannes zu werden, den sie nie gesehen hat. Dazu gehört in der Tat Entschlossenheit. Von einem Tag auf den anderen alles verlassen – die Eltern, den Bruder, die gewohnte Umgebung. Rebekka wird nicht dazu gezwungen, sie darf selbst darüber entscheiden. Und sie entscheidet sich für ein Gottvertrauen in die Zukunft, für einen Mann, der ihr Schmuck sendet, der um sie wirbt, ohne sie zu kennen. Ihr Mut und ihr Vertrauen werden offenbar belohnt. Isaak „gewann sie lieb", wird erzählt. Es ist eine arrangierte Liebesehe.

Rebekka wird schwanger mit Zwillingen. Und es ist eine schwere Schwangerschaft, „die Kinder stießen sich miteinander in ihrem Leib". Sie leidet darunter. Heute kann eine Zwillingsschwangerschaft früh diagnostiziert werden, Rebekka konnte das kaum wissen. Früher kam das zweite Kind meist als Überraschung bei der Geburt. Erstaunlichste Erzählungen gibt es dazu; statt der erwarteten Nachgeburt zeigt sich ein zweites Kind! Oft war das zweite Kind gefährdet – durch Sauerstoffmangel während des langen Geburtsvorgangs und schlicht, weil es gar nicht erwartet wurde.

Rebekkas Zwillinge Jakob und Esau sind zweieiig. Esau, der zuerst geboren wird, ist eher „rötlich und rauh", mit einem dichten Haarschopf, heißt es. Offenbar sieht er sehr anders aus als Jakob, der Zweite. Von ihm wird erzählt, er habe während der Geburt die Ferse des Bruders mit der Hand festgehalten. Das Wunder des zweiten Kindes bei einer Geburt lädt zu solchen Geschichten ein. Welche Freude muss das gewesen sein: zwei Söhne, beide gesund! Ein großes Glück für die Eltern. Mehr Kinder bekommen sie nicht, Rebekka und Isaak. So werden Jakob und Esau zum Zentrum ihres Lebens.

Die beiden Jungen entwickeln sich offenbar sehr unterschiedlich. Esau ist gerne draußen, er wird Jäger, streift umher, und sein Vater Isaak liebt ihn besonders. Ihm schmeckt, was Esau erjagt. Wir können uns das vorstellen, der Vater und der rauhere Sohn, der wildere von beiden, verbünden sich. Jakob aber wird, wie es heißt, „ein gesitteter Mann", er bleibt gern bei den Zelten. Er ist feinsinniger als Esau, wohl eher musisch veranlagt. Und so verteilt sich die Liebe der Eltern ungleich, denn Rebekka hat Jakob lieber.

Solche Bevorzugung eines Kindes verunsichert die Söhne. Und wird sie ein Leben lang prägen. Zieht ein Elternteil ein Kind vor, so verletzt das immer das andere Kind. Manche Eltern können nicht anders, ob sie wollen oder nicht. Sie lieben ein Kind besonders, es ist – aus Gründen, die manchmal nicht zu erklären sind – ihrem Herzen näher. Es ist wichtig, dass Eltern sich diese Gefühle eingestehen und sich bewusst um Zuwendung und Gerechtigkeit für das andere Kind bemühen. In der Geschichte von Rebekkas Söhnen ist das ja gut nachvollziehbar. Der dynamische Erstgeborene wird vom Vater besonders geliebt, er ist stolz auf den Mut dieses Jungen und bewundert ihn geradezu. Der sensible Zweitgeborene ist der Augapfel der Mutter, sie wird ihn verwöhnt und vielleicht sogar verzärtelt haben. So bestärken die Eltern die Veranlagungen der Kinder noch. Aber auch umgekehrt reagieren Kinder auf die Herausforderung der Bevorzugung von Geschwistern, geradezu trotzig, um zu zeigen, dass sie die Liebe des anderen Elternteils gar nicht brauchen. Eine äußerst belastete Familiensituation ...

Esau ist offenbar ein wirklich handfestes Menschenkind. Das zeigt die folgende Episode: Hungrig kommt er eines Tages vom Feld nach Hause. Jakob hatte gekocht, duftende rote Linsen – will ihm aber nur Essen geben, wenn Esau ihm dafür das Erstgeburtsrecht verkauft. Esau ist dieses Erstgeburtsrecht, das wichtige Fragen des Erbes und der Verantwortung für die Zukunft der Familie regelt, angesichts des akuten Hungers offenbar herzlich gleichgültig. Er „verkauft" es für ein Linsengericht.

Später wird Jakob auf hinterlistige Weise diesen Handel einlösen und mit Hilfe seiner Mutter den Segen seines Vaters, der dem Erstgeborenen zusteht, erschleichen. Rebekka wird alles dafür tun, dass ihr Mann auf dem Sterbebett Jakob für Esau hält und ihn segnet. Sie bringt ihren Sohn geradewegs dazu, den sterbenden Vater zu täuschen und zu belügen. Der segnet den Zweitgeborenen – und als der Erstgeborene kommt, ist der zornig, der Vater erschüttert. Der Segen für den Erstgeborenen kann nicht mehrfach gespendet werden. Esau hegt Mordgedanken gegen Jakob, und so verhilft Rebekka ihrem Lieblingssohn zur Flucht. Es wird Jahrzehnte dauern, ehe sich die beiden Brüder wieder begegnen. Als es so weit ist, erweist sich die tiefe Wahrheit des Sprichwortes „Blut ist dicker als Wasser". Jakob fürchtet die Begegnung mit Esau. Dass er seinen Zwillingsbruder vor Jahren betrogen hat, steht ihm deutlich vor Augen, und ihm ist bewusst, wie tief diese Verletzung sein muss. Darum bereitet er sich lange auf diese Begegnung vor. Dann wird erzählt: „Esau aber lief ihm entgegen und herzte ihn und fiel ihm um den Hals und küsste ihn und sie weinten." (1. Mose/Genesis 33,4)

Am Ende steht eine wunderbare Versöhnungsgeschichte. Die Kinder haben überwunden, was die Eltern durch einseitige Liebe an Spaltung verursacht haben. Die tiefe Zwillingsbeziehung hat sich durchgesetzt.

Mütter, die ein Kind dem anderen vorziehen, handeln meist intuitiv. Sie können nicht anders, da ist eine besondere Liebe. Oft versuchen sie, es zu verbergen, aber ein Kind wird das immer spüren. Wenn eine Mutter oder ein Vater aber aus Berechnung ein Kind vorziehen, ist eine zerstörende Kraft am Werk. Die Verletzungen, die dadurch entstehen, bleiben ein Leben lang prägend für die Kinder.

Rebekka geht mit Jakob einen zerstörerischen Pakt ein: Du und ich gegen den Vater, gegen den Bruder, gegen den Rest der Welt. Das ist nicht nur Bevorzugung, das ist eine Form der Inanspruchnahme für eigene Interessen. Rebekka benutzt ihren Sohn, um ihre persönlichen Besitzansprüche durchzusetzen. Gewinnt der von ihr vorgezogene Sohn, ist es ihr eigener Triumph. Das ist eine Instrumentalisierung eines Kindes, wie sie leider aus mancher Ehefehde bis zum heutigen Tag bekannt ist. Nicht das Kind, sein Wohlergehen und sein Schutz steht dann im Zentrum, sondern der persönliche Machtanspruch oder gar eine Art Racheakt gegenüber dem (auch Ex-) Ehemann, oder umgekehrt: der Ehefrau.

Machtkämpfe in einer Familie wirken zerstörerisch. In der Regel liebt eine Mutter alle ihre Kinder. Ist ein Kind besonders bedürftig, durch Krankheit, Behinderung oder weil es zurückbleibt hinter den Leistungen der anderen, so wird die Mutter es vielleicht vorziehen, besonders unterstützen, verwöhnen. Aber die Kinder gegeneinander auszuspielen, sie in der Auseinandersetzung mit dem Vater gar zu instrumentalisieren, das setzt die Mutter immer ins Unrecht. Manches Scheidungsdrama läuft so ab, und es verschlimmert den Schmerz der Kinder.

Rebekka hat Jakob also keinen wirklich guten Dienst erwiesen. Wie kann der Segen des Vaters wirksam werden, wenn er durch Schuld erschlichen ist? Wie kann der besonders geliebte Sohn in Frieden leben, wenn der Zwillingsbruder derart gedemütigt wurde? Zwillinge sind einander besonders tief verbunden. Auch die Differenzen der Eltern können ihre enge Verbindung nicht wirklich zerstören. Das zeigt diese Geschichte. Und sie erinnert daran, was eine alte Redensart so formuliert: „Behandle deine Kinder gleich, so kommst du auch ins

Himmelreich." Selbst wenn es Phasen gibt, in denen einer Mutter ein Kind näher sein mag als ein anderes, sie liebt doch alle auf ihre Weise. Und das sollten die Kinder auch spüren und erfahren. Ungleichbehandlung von Kindern birgt Zerstörung in sich, sie setzt eine destruktive Kraft in Gang.

Salome
Ehrgeizige Mutter

Matthäus 20,20ff.

Die Söhne des Zebedäus gehören zu den ersten Jüngern Jesu. Jakobus und Johannes heißen sie, alle vier Evangelien kennen ihre Namen. Offenbar waren sie Fischer, denn Markus erzählt (1,20ff.), dass sie im Boot saßen und Netze flickten und ihren Vater im Boot samt den Tagelöhnern zurückließen, als Jesus sie rief. Wir könnten sie also als Söhne eines Kleinunternehmers sehen.

Jakobus und Johannes waren Jesus offensichtlich sehr nahe. Matthäus erzählt, dass er nur sie und Petrus mit sich nimmt in dieser schweren Nacht vor seiner Verhaftung, zu seinem letzten Gebet im Garten Gethsemane (Matthäus 26,37). Von Anfang an sind sie also dabei. Ihre Mutter Salome steht der Jesusbewegung offenbar sehr positiv gegenüber. Vielleicht war sie stolz auf diese beiden Söhne, die das Fischerdasein verlassen haben und Jesus nachfolgen. Vielleicht war Salome auch voller Sorge, was daraus werden sollte, wenn sie ohne regelmäßiges Einkommen ihr Leben ganz und gar an diesen Jesus hängen. Und so hat sie sich zu Jesus aufgemacht. Sie ist nicht zu Hause geblieben und hat aus der Ferne beobachtet, was vor sich geht. Offenbar ist sie mitten dabei. Hat sie das alles getan aus Liebe zu ihren Söhnen, die sie nicht verlieren wollte?

Jedenfalls kennt Jesus Salome nach dieser Erzählung ganz offensichtlich. Sie kann einfach auf ihn zugehen. Und dann äußert sie die Bitte: „Lass diese meine beiden Söhne sitzen in deinem Reich einen zu deiner Rechten und den andern zu deiner Linken" (Mt 20,21). (Im Markusevangelium sind es übrigens ihre Söhne selbst, die darum bitten (10,35).)

Was will Salome erreichen? Einen Platz ganz oben erhofft sie für ihre beiden Söhne, das ist klar. Wahrscheinlich denkt sie eher an ein irdisches, ein politisches Reich als an das Reich Gottes. Sie hofft wohl wie viele, dass Jesus die Römer, die Besatzungsmacht, vertreiben wird, dass Israel dann wieder unter jüdische Herrschaft kommt – mit Jesus an der Spitze als oberstem weltlichem Herrscher. Links und rechts von ihm wären Jakobus und Johannes mächtige Männer. Hat Salome die beiden vielleicht bedrängt, das Ganze auch selbst mit Jesus zu besprechen? Oder war sie überzeugt, sie könnte das mit dem jungen charismatischen Mann besser klären, sie könnte deutlich machen, welch wichtige Rolle ihre Söhne mit ihrer fundamentalen Unterstützung für ihn und seine Bewegung bedeuten? Will sie Jesus eventuell auch vor Augen führen, dass die beiden schließlich alle Sicherheiten eines Fischerdaseins für Jesus aufgegeben haben und er jetzt geradezu in der Pflicht ist, sie dafür zu belohnen?

Jesu Antwort ist ziemlich ernüchternd, ja es klingt geradezu wie eine Abfuhr: Zum einen werden beide „den Kelch trinken müssen, den ich trinken werde". Sie werden sterben für die Sache des Glaubens, heißt das. Das hat ihre Mutter ganz sicher nicht als Ziel im Auge gehabt! Da hätte sie wohl auf eine „Beförderung" lieber verzichtet! Zum anderen macht Jesus deutlich, dass nicht er Positionen im Reich Gottes verteilt, das sei allein Gottes Sache. Das ist natürlich auch eine Zurechtweisung Salomes mit ihrem Anliegen. Und ganz klar ist die Aussage, dass wir uns mit einer bestimmten Haltung, auch mit einer klaren Loyalität zu Jesus, keine

Sitzplätze im Reich Gottes erarbeiten können. Da zählt allein Gottes Gnade.

Salome hat einen großen Ehrgeiz für ihre beiden Söhne. Das ist in gewisser Weise wunderbar und auch verständlich. Es ist großartig, wie viele Mütter ihre Kinder fördern, wie engagiert sie sind, dass sie ihre Gaben entfalten können. Eine solche Haltung kann allerdings auch übergriffig werden, wenn sie so weit geht, dass das Kind zur Erfüllung der eigenen Lebensziele herhalten soll. Es gibt die Überidentifikation einer Mutter mit ihrem Kind, um die Nähe aus Kleinkindzeiten nicht zu verlieren: Dann hört die Mutter dieselbe Musik, trägt ähnliche Kleidung, um Kontakt mit dem Sohn oder der Tochter herzustellen. Und es gibt Mütter, die ihre eigenen Lebensenttäuschungen über die Erfolge ihrer Kinder auszugleichen versuchen: Weil ich nicht werden konnte, was ich werden wollte oder hätte werden können, soll mein Kind eine solche Position haben! Weil ich nicht Tennis spielen durfte, muss meine Tochter es zu Höchstleistungen in diesem Sport bringen! Ehrgeizige Mütter dieser Art können zu einer tiefen Belastung für ihre Kinder werden. Dieser Gedanke kommt mir immer wieder einmal, wenn etwa von der Pop-Sängerin Britney Spears die Rede ist. Sie wirkt von allen guten Geistern verlassen – vor allem aber wie getrieben vom Ehrgeiz ihrer Mutter. Ähnliches wird über Magda Schneider, Romy Schneiders Mutter, erzählt, die ihre Tochter geradezu angetrieben haben soll zur schauspielerischen Leistung als Sissi.

Es ist schwer für eine derart ehrgeizige Mutter, zu erkennen, dass das eigene Kind die Rolle, Lebenssinn

zu stiften, nicht übernehmen kann. Sie wird irgendwann erkennen, dass sie ihr eigenes Leben leben
muss. Erfüllung durch die Leistungen und Erfolge der
eigenen Kinder zu suchen, wird immer einen negativen
Beigeschmack haben. Es wird der Punkt kommen, an
dem ich mir eingestehen muss, mir selbst nicht genug
zu sein mit meinem Leben. Noch schlimmer ist es,
wenn ich meinen Kindern suggeriere, sie müssten für
mich Erfolg haben. Für ehrgeizige Mütter ist es schwer,
sich selbst mit der Tatsache zu konfrontieren, dass ihre
Kinder ihren eigenen Weg gehen werden. Es gilt, sie
loszulassen, freizugeben, damit beide glücklich werden
können. Als Mutter kann ich ein Kind nur begleiten und
zu prägen versuchen. Aber in jedem Kind steckt etwas
ganz Eigenes. Und jedes Kind geht einen ganz eigenen
Weg. Der kann völlig anders aussehen als alles, was ich
in ihm gesehen, mir ausgedacht und vielleicht erträumt
habe. Auf diesem Weg kann ich nur begleitend, mit off-
enem Ohr und mit immer offener Tür dabei sein.

Auch Salome wird am Ende ihren eigenen Weg finden. Unter machtpolitischen Aspekten hat die Jesus-Bewe-
gung keinen Erfolg gehabt. Jesus wird von den Römern
hingerichtet. Salome wird am Ende bei den Frauen unter
dem Kreuz stehen. Ob sie an ihre Bitte zurückgedacht
hat, als sie die beiden Gekreuzigten zur Rechten und
zur Linken von Jesus sieht? Ihre beiden Söhne werden
zu Märtyrern, werden sterben für den Glauben an Jesus.
Salome aber ist bei den Frauen, die dem toten Jesus die
letzte Ehre erweisen und ihn salben wollen. Sie gehört zu
den Ersten am Ostermorgen, sie wird als eine der Ersten
hören: Der Tod hatte nicht das letzte Wort!

Sara
Mutter eines entführten Kindes

1. Mose/Genesis 22

Zu den Spätgebärenden der Bibel gehört auch Sara, die alt geworden ist und nicht mehr darauf hoffen kann, ein Kind zu bekommen. Sie ist die Ehefrau Abrahams, der Stammvater des Volkes Israel wird.

Über das Klimakterium war Sara offenbar schon hinaus, es „ging ihr nicht mehr nach der Frauen Weise", so erzählt es die Bibel (1. Mose/Genesis 18,11). Das ist eine Phase im Leben einer Frau, in der die Kinderfrage entschieden ist. Die Periode setzt aus, und es wird klar: Eine Schwangerschaft ist keine Option mehr in ihrem Leben. Manche Frauen fürchten diesen Moment, fühlen sich dann hilflos, nutzlos, sind verzweifelt, wenn sie keine Kinder geboren haben. Andere sind erleichtert, froh, dass diese immer unterschwellige Frage, Kind – Ja oder Nein?, nun beantwortet ist.

Als Sara und Abraham in dieser Situation von drei Männern besucht werden, es mögen Engel gewesen sein oder Gott selbst, wird ihnen die Geburt eines Sohnes angekündigt. Abraham staunt – und Sara lacht: „Nun ich alt bin, soll ich noch der Liebe pflegen, und mein Herr ist auch alt!" (18,12).

Mir gefallen dieses Lachen und diese Selbstironie. Sara ist offenbar keine verzweifelte, verbitterte Frau. Wie viele Frauen verzagen, wenn das Klimakterium naht, wenn sie sich Kinder wünschen, aber sich kein Partner findet oder wenn sich keine Schwangerschaft einstellt und sie wissen: Die biologische Uhr tickt. Oft zermürbt das, und ganze Lebensentwürfe werden in Frage gestellt. Das Klimakterium, das Ende der Menstruation, hat für Frauen eine große Bedeutung. Leben weitergeben, das geht dann auf dieser unmittelbar biologischen Ebene nicht mehr. Männer können meist bis ins hohe Alter Kinder zeugen. Bei Frauen tritt diese natürliche Grenze auf.

Sara, der es schwerfällt, die Ankündigung der Schwangerschaft ernst zu nehmen, bekommt schließlich in der Tat einen Sohn, Isaak. Gerade weil sie sich schon damit abgefunden hatte, nicht mehr schwanger zu werden, wird dieser Sohn eine große Freude, ein großes Glück bedeutet haben. Er ist nun Abrahams legitimer Nachkomme; und so vertreibt Sara ihre Magd Hagar, die auf ihr Betreiben einen Sohn von ihrem Mann bekommen hat. Aber das ist eine andere Geschichte.

Isaak war gewiss die Augenweide seiner Mutter, die Freude ihrer späten Jahre. Das ist gut vorstellbar. Gerade eine Frau, die lange auf eine Schwangerschaft gewartet hat, die eine Phase durchlebt hat, in der sie sich bereits damit abgefunden hat, nicht Mutter zu werden, und die dann doch noch schwanger wird, ist besonders verbunden mit ihrem Kind. Es wird für sie zum Zentrum des Lebens. Besonders fürsorglich wird sie sich um das Kleinkind gekümmert, besonders liebevoll für den Jungen gesorgt haben. Die späte Erfüllung kann umso dankbarer angenommen werden, die tiefe Empfindung, das Leben doch noch weiterzugeben, umso bewusster erlebt werden.

Eines Tages nun nimmt Abraham von Gott einen ungeheuerlichen Auftrag an: Er soll seinen Sohn Isaak in das Land Morija mitnehmen, um ihn dort als Brandopfer darzubringen. Was für eine Forderung! Abraham ist ja ebenfalls ein später Vater, auch für ihn ist dieser Sohn ein besonderes Gottesgeschenk. Aber offenbar kennt er kein Zögern, er will diesen Auftrag erfüllen.

Abraham wird Sara nichts davon gesagt haben. Und er wird genau gewusst haben, warum. Niemals hätte Sara ihm den Sohn anvertraut, hätte sie auch nur die leiseste Ahnung gehabt, was Abraham im Sinn hat. So schweigt er – und auch das ist nicht unüblich bis heute. Er nimmt den Jungen also einfach mit. Vielleicht hat die Mutter sich wegen der weiten Reise gesorgt, wie Mütter es oft bei der ersten großen Reise des Kindes tun. Aber sie wird sich darauf verlassen haben, dass der Vater für den Sohn sorgt, dass er sich kümmert. Mütter müssen darauf vertrauen, dass Väter Verantwortung wahrnehmen.

Immer wieder lesen, hören, erfahren wir, dass Väter Kinder, die ihre Mütter ihnen anvertraut haben, entführen, ja sogar töten. „Kindesentzug" heißt das rechtlich nüchtern. Die emotionale Seite hat nichts Nüchternes: Was für ein Schock für die Mutter! Was für ein Schrecken, wenn das Kind plötzlich nicht mehr erreichbar ist, wenn es nicht, wie verabredet, zurückgebracht wird! Welch eine Angst, wenn es in ein Land verschleppt wird, in dem es unerreichbar ist für die Mutter, in einer Familie versteckt, die keinen Zugang ermöglicht, in eine Kultur gebracht, in der unsere Vorstellungen nicht gelten, Mutterrechte nicht durchsetzbar sind.

Noch schlimmer ist es – falls es da eine Steigerung gibt –, wenn der Vater die Kinder tötet. Auch das kommt immer wieder vor. Väter, die um ihr Sorgerecht kämpfen, Väter, die ihre ehemalige Frau strafen wollen, Väter, die verzweifelt sind und ihre Kinder eher töten als sie herzugeben. Ein Leben lang wird die Mutter sich

Vorwürfe machen, dass sie den Sohn oder die Tochter dem Vater anvertraut hat.

In der Auslegung der Geschichte um Isaaks Opferung spielt es eine zentrale Rolle, dass Gott Abrahams Glauben testet. Für mich ist das eine Gottesvorstellung, die mit meinem Glauben nicht in Übereinstimmung zu bringen ist. Dass Gott uns nicht vor Versuchungen bewahrt, das kann ich akzeptieren. Aber dass Gott den Tod eines Kindes bewusst verursachen will, ein solches Opfer verlangen sollte, diese Vorstellung von Gott ist mit dem, was wir von Jesus wissen, mit der Liebe Gottes gerade zu den Kindern, wie Jesus sie zeigt, völlig unvereinbar, denke ich.

Abraham, so erzählt die Bibel, geht mit seinem Sohn und dem gebündelten Holz für das Brandopfer zur Opferstätte. Als Isaak nach dem Opfertier fragt, wiegelt Abraham ab: Gott wird schon ein Schaf schicken. An der Opferstätte schichtet Abraham schließlich Holz auf, bindet seinen Sohn daran fest und er erhebt die Hand mit dem Messer. Da erst greift Gott ein. Ein Engel hindert Abraham daran, den Sohn zu töten. Es findet sich ein Widder zum Opfer.

In der Bibel wird nicht berichtet, was Isaak sagte. Es wird nicht erzählt, wie Sara reagierte. Es heißt nur, dass Abraham zurückkehrte. Muss das Vertrauen des Sohnes in den Vater nicht ein Leben lang erschüttert gewesen sein? Waren da wohl traumatische Erinnerungen: Der Vater mit dem erhobenen Messer über dir, du festgebunden auf einem Holzstapel? War die Mutter nicht vor Empörung außer sich? Hat sie ihren Sohn dem Vater je wieder allein auf eine Reise mitgegeben?

Es ist für Mütter ungeheuer schwer, ihr Kind dem Vater mitzugeben, wenn sie dem Vater nicht trauen. Sicher, es gibt auch die andere Seite: Väter, die sich bitter beklagen, dass ihnen die Kinder entzogen werden, weil getrennt lebende Mütter verhindern, dass die Kinder gern zum Vater gehen oder überhaupt die Besuchszeiten einhalten können. Es soll nicht geleugnet werden, wie oft Mütter gerade nach einer Ehescheidung dem Vater das Kind nicht überlassen. Eine solche Haltung dient sicher nicht dem Wohl des Kindes – für die Erziehung eines Kindes ist es sinnvoll, dass Vater und Mutter beteiligt sind.

Dass aber manche Mütter ein berechtigtes Unbehagen haben, ihr Kind dem Vater mitzugeben, ist nicht von der Hand zu weisen. Die Angst vor Kindesmitnahme hat ihre Wurzeln natürlich immer in innerfamiliären Konflikten.

Heute werden in Deutschland gut zwölf Prozent aller Kinder vor einem binationalen Hintergrund geboren, fast jedes vierte Kind (23 Prozent haben einen ausländischen Elternteil, das sind 155.009 Kinder im Jahr 2006.) Hinzu kommen sicher weitere Kinder, da es bei 27 Prozent der in Deutschland geborenen Kinder keine Angaben zum Vater gibt. Globalisierung und Internationalisierung zeigen sich bis in die nächsten Beziehungen – und bringen es für viele Mütter und manche Väter auch mit sich, dass ihr Kontakt und ihr Zugang zu ihrem Kind nach einer Trennung gefährdet sind. Entführungen finden vor allem in binationalen Ehen statt. Trotz des Haager Abkommens zur Kindesrückführung aus dem Jahre 1980 ist die Durchsetzung des Rechtes nicht immer gewährleistet.

Was können wir tun? Gewiss, die rechtliche Situation der Mütter muss in solchen Fällen gestärkt werden. Aber zuallererst gilt es, in den Familien Aufklärung zu leisten. Kindesentzug ist eine Straftat. Und es ist eine Katastrophe für eine Beziehung, wenn Eltern sich gegenseitig die Kinder entziehen. Da kann kein Vertrauen mehr wachsen. Vor allem aber ist das Wohl des Kindes gefährdet, das ja an allererster Stelle stehen sollte, heute wie zu Zeiten von Abraham, Sara und Isaak.

Tamar
Erschlichene Mutterschaft

Die Geschichte von Tamar hat wie manche biblische Erzählung alle Elemente eines großen Dramas – sie ist verwickelt und voller Zündstoff. Tamar wird mit Er verheiratet, dem ältesten Sohn von Jakobs Sohn Juda. Er aber stirbt, bevor Tamar schwanger wird. Da sagt Juda seinem zweiten Sohn Onan, er solle mit Tamar eine sogenannte „Schwagerehe" eingehen. Das bedeutet, er schläft mit der Witwe seines Bruders, und die Kinder, die sie zur Welt bringt, gelten als Kinder des Bruders. Auch hier geht es wieder um das Erbrecht, das die Söhne des erstgeborenen Sohnes besonders bevorzugt.

Onan willigt zum Schein ein – er praktiziert jedoch, was wir heute einen Coitus interruptus nennen, um eine Schwangerschaft zu umgehen. Er schläft mit Tamar, verhindert aber, dass er in ihr einen Samenerguss hat. Die Bibel umschreibt das mit: „Er ließ es auf die Erde fallen." Wenn unser Begriff „onanieren" also von der Person Onan und dieser Bibelstelle abgeleitet ist, handelt es sich offensichtlich um ein Missverständnis. Onan befriedigt nicht sich selbst, er verhütet die Schwangerschaft. Und zwar absichtlich, weil er seinem verstorbenen Bruder keine Kinder zeugen will. Dies hatte einen guten Grund, denn in der Erbfolge wären die Kinder des ältesten Sohnes von Juda dann bevorzugt worden. Aber auch Onan stirbt, ohne dass Tamar schwanger wird. Es heißt in der Bibel, dass Gott „missfiel, was er tat" (38,10) und er deshalb sterben muss. Der Tod ist aber ganz offensichtlich nicht Strafe für Selbstbefriedigung; Gottes Missfallen richtet sich in der biblischen Erzählung auf die Verhinderung der Nachkommenschaft. So passt der Begriff nicht zum Text, von dem er hergeleitet ist.

Juda schickt seine Schwiegertochter nun zurück in das Haus ihres Vaters. Aber er verspricht ihr, wenn sein jüngster und letzter Sohn Schela alt genug sei, werde der für eine Nachkommenschaft ihres verstorbenen Mannes sorgen. Nun muss Tamar aber in den folgenden Jahren erleben, dass Schela heranwächst, ohne dass sie ihm zur Frau gegeben wird. Zurückgesetzt wird sie sich gefühlt haben, gedemütigt. Will Juda sie dem Sohn nicht geben, weil die beiden anderen verstorben sind, nachdem sie mit ihnen zusammen war? Dass Juda auch den Tod dieses Sohnes befürchtet, wird angedeutet, jedoch ohne einen Zusammenhang mit Tamar herzustellen.

Tamar ist in einer hochproblematischen Situation. Sie muss schwanger werden, solange es ihr aufgrund ihres Lebensalters noch möglich ist. Mutterschaft war zu ihrer Zeit das entscheidende Statussymbol einer Frau. Das Erbe der Familie musste in die nächste Generation weitergegeben werden. Ohne Kinder zu sterben, galt als Fluch.

Tamar bleibt nicht das Opfer, das sie aufgrund der bisherigen Lebensumstände geworden ist. Sie verlässt die Opferrolle und handelt, ja sie greift zu einer äußerst wagemutigen List. Als sie hört, dass ihr Schwiegervater sich auf den Weg in die nächste Stadt begibt, nach Timna, um Schafe zu scheren, legt sie ihre Witwenkleidung ab und verkleidet sich als Hure. Juda kommt durch das entsprechende Tor, Tamar verhüllt ihr Gesicht, er erkennt sie nicht und bittet sie tatsächlich um ihre Liebesdienste. Das wird ganz nüchtern erzählt, es war offenbar nichts Bemerkenswertes. Als Bezahlung soll Tamar einen Ziegenbock erhalten. Sie behält deshalb

Judas Siegel, Schnur und Stab als Faustpfand zurück. Als Juda später seinen Diener schickt, um diese drei persönlichen Dinge zurückzubekommen und dafür den Ziegenbock abzuliefern, ist die Hure unauffindbar.

Tamar wird tatsächlich schwanger. Wie glücklich muss sie gewesen sein! Aber die Leute merken, dass sie schwanger ist, sie fangen an zu tuscheln und zu reden. Wie scheußlich muss das Lebensgefühl sein, wenn du weißt: Die alle reden hinter deinem Rücken über dich ...

Als Juda nach Monaten nach Hause zurückkehrt, tragen die Leute ihm zu, seine Schwiegertochter habe Hurerei betrieben. Er will sie richten und töten, plant also einen öffentlichen Ehrenmord. Der Schwiegervater fühlt sich in seiner Ehre verletzt, weil seine verwitwete Schwiegertochter offenbar mit einem anderen Mann geschlafen hat – patriarchale Verhältnisse in der Tat. Tamar aber stellt sich vor ihn und zeigt Siegel, Schnur und Stab. Juda erkennt, was sich abgespielt hat. Er verurteilt Tamar nicht, denn er weiß sich schuldig, da er ihr nicht wie zugesagt den jüngsten Sohn für die Zeugung von Nachkommen zur Verfügung gestellt hat. Ein Happy End als Paar gibt es jedoch nicht, „er wohnte ihr nicht mehr bei", heißt es in der Bibel. Aber es gibt ein Happy End für Tamar als Mutter. Sie bringt Zwillinge zur Welt, Perez und Serach. Mit diesen Söhnen hat sie den Status erreicht, den Mutterschaft im alten Israel bieten konnte, die beiden können das Erbe ihres ersten Mannes antreten.

Tamar riskiert ungeheuer viel, um Mutter zu werden! Aber sie macht auch viel durch, etwa den frühen Tod ihres Mannes. Wie sie zu Er stand, wissen wir nicht, um Liebe ging es in jenen arrangierten Ehen selten. Aber die Ehe bedeutete eine abgesicherte Zukunft für sie. Kinderlos verwitwet zu sein, bringt sie in eine sehr schwierige soziale und ökonomische Situation. Es wird zudem demütigend gewesen sein, mit Onan zu schlafen und zu erleben, dass er bewusst eine Schwangerschaft verhindert. Onan tut, was der Vater verlangt, aber er hintergeht ihn gleichzeitig. Damit ist auch das Arrangement hinfällig, auf das Tamar sich einlässt. Enttäuscht, verletzt muss sie in das Haus ihres Vaters zurückkehren, auch das ist eine Demütigung. Dort wird sie auf eine Nachricht von Juda gewartet haben. Sie wartet und erlebt, wie ihre Lebenszeit und vor allem auch die Zeit ihrer Fruchtbarkeit vergeht.

Heute würden wir von Torschlusspanik sprechen. Ja, es kann auch heute eine Frau umtreiben, wenn sie gern ein Kind hätte, aber keinen Partner findet, der mit ihr ein Kind zeugen und großziehen möchte. Wird die Frau dann älter, feiert sie ihren 40. Geburtstag, muss sie sehen, wie der Kinderwunsch nicht durch sie, sondern durch den Ablauf der Zeit biologisch entschieden wird. Das treibt viele Frauen um. Wollen sie damit umgehen, das bewältigen, braucht es die bewusste Auseinandersetzung mit dem unerfüllten Kinderwunsch, es braucht Raum zum Trauern über das, was nicht möglich ist, es braucht Zeit, bis wieder etwas anderes, etwas Neues lebendig werden kann.

Tamar scheint eine enorm entschlossene Frau gewesen zu sein. Es gehören Mut und eine gewisse Dreistigkeit dazu, sich als Hure in ein Tor zu setzen. Da muss sie ja schon gesessen haben, bevor Juda kam. Sie hat sicher andere Blicke auf sich gezogen, musste andere mögliche Freier abweisen und dann im richtigen Augenblick die Aufmerksamkeit Judas auf sich ziehen und gleichzeitig das Gesicht verbergen. Ein waghalsiges Arrangement! Und ein gut geplantes Vorhaben! Tamar weiß, wenn sie unehelich schwanger wird, ist ihr Leben gefährdet. Frauen, die des außerehelichen Geschlechtsverkehrs überführt wurden, drohte in jenen Tagen der Tod. Deshalb ist es weitsichtig, dass Tamar sich gegen Verleumdung und Anklage absichert. Ich sehe sie direkt vor mir, wie sie Juda gegenübertritt: erhobenen Hauptes. Sie hat nach der damaligen Rechtslage keine Schuld auf sich geladen. Das erkennt Juda und ist selbst beschämt.

Glücklich wird sie gewesen sein über die Kinder. Aber sicher auch traurig, ohne Partner zurückzubleiben. Ihren Status hat sie nach einem langen Weg durch klares Planen und List erreicht: Sie ist Mutter zweier Söhne. Sie hat ihre Aufgabe in ihrer Zeit und Gesellschaft erfüllt, hat für Nachkommenschaft gesorgt, wenn auch auf geradezu abenteuerliche Weise.

Tochter des Pharao

Adoptivmutter

Ihren Namen kennen wir nicht. Sie ist die „Tochter des Pharao" – so war das damals oft, so ist es in mancher Kultur noch heute. Sie zieht den kleinen Mose aus dem Körbchen, das im Wasser schwimmt. Und damit ist sie eine biblische Adoptivmutter. Ob sie ahnt, dass das ein kleiner Hebräerjunge ist? Einer von denen, die ermordet werden sollen, weil ihr eigener Vater das angewiesen hat? Wie geht sie eigentlich vor, wie erklärt sie ihrem Vater die Situation? Eigene Kinder scheint sie nicht zu haben. Hat sie sich ein Kind gewünscht oder ganz spontan gehandelt? Oder ist sie eher die erste in einer langen Kette der Promi-Adoptivmütter wie Madonna, die ein Kind aus Malawi adoptiert hat, oder Angela Jolie, die je ein Kind aus Kambodscha, Vietnam und Äthiopien adoptierte. Die stolz gezeigten Kinder werden da zu einer Art Charity-Aktion.

Wir hören nie wieder von der Tochter des Pharao. Doch sie sorgt offensichtlich für ihr Adoptivkind. Zunächst gibt sie es über Mirjam, die die Szene beobachtet hat, an eine Amme, nicht ahnend, dass es sich da um die Schwester und die leibliche Mutter des Säuglings handelt. Sie wird sich aber auch selbst gekümmert haben. Da muss ja eine unmittelbare Zuneigung gewesen sein, als sie ihn aus dem Wasser zog.

Adoptivmütter sind oft in einer schwierigen Situation. Bisweilen wollen sie gern verbergen, dass ihr Kind ein Adoptivkind ist. Das liegt wohl vor allem daran, dass sie sehr schnell mit Spekulationen konfrontiert sind: Wer war wohl die Mutter, sicher aus schwierigem Millieu, kriminell vielleicht oder vergewaltigt? Es gibt eine ungerechtfertigte Art Stigmatisierung, die sagt, adoptierte

Kinder seien prinzipiell unbegabter, gefährdeter, sozial auffälliger.

Dabei ist es doch erst einmal großartig, dass Adoptivmütter dem Kind einer anderen Frau ein Zuhause bieten wollen, dieses Kind und ihr Kinderwunsch zusammenfinden. Sicher, sie fragen sich immer wieder auch: Was ist mit diesem Kind? Woher kommt es? Zeigt es negative Eigenschaften, kommt die bange Befürchtung, das könne mit den Genen zusammenhängen. Und was, wenn das Kind eines Tages fragt: Wer sind meine biologischen Eltern? – Inzwischen ist jedoch erwiesen, dass Adoptivmütter wie ihre Kinder diese Trennungsproblematik immer dann gut bewältigen, wenn beide den Mut zur Offenheit aufbringen.

Oft sind Adoptivmütter besonders hingebungsvoll. Sie haben lange auf ein Kind gewartet, viele Enttäuschungen erlebt. Wenn sie dann ein Adoptivkind annehmen können, ist ihr Glück groß. Sie haben in der Regel nicht neun Monate Zeit, sich vorzubereiten, das Leben wird ganz plötzlich auf den Kopf gestellt.

Kürzlich habe ich ein Paar besucht, das mit einem kleinen Sohn gesegnet ist. Ihnen wurde eine lange Wartezeit auf die Adoption vorhergesagt. Durch unterschiedliche Umstände war es dann aber ganz überraschend schnell soweit. Ich habe gesehen, wie liebevoll dieser Vater und diese Mutter ihren kleinen Sohn umsorgt haben. Es war spürbar, wie sehr er sich geborgen fühlte. Und auch mit der leiblichen Mutter waren sie im Reinen, sie hatte sich bewusst für eine Adoption entschieden.

Manchmal scheint es in unserer Gesellschaft eher akzeptabel, ein Kind abzutreiben, als es auszutragen und zur Adoption freizugeben. Und in der Tat, es ist ja auch schwer verständlich, dass eine Frau, die in den neun Monaten der Schwangerschaft das Kind gespürt hat, dieses dann abgibt. Aber es können Lebensumstände gegeben sein, in denen genau dies das Beste ist: für Mutter und Kind und Adoptivmutter – wie zu Moses Zeiten. Das gilt es zu respektieren.

In Hannover haben wir 2001 ein Netzwerk unter dem Namen „Mirjam" gegründet, in Erinnerung an die Schwester des kleinen Mose. Das, was andernorts als „Klappe" bezeichnet wird, nennen wir im Bewusstsein jener so besonderen Geschichte „Babykörbchen". Das Körbchen ist nur ein Teil des Netzwerkes. Dazu gehört vor allem ein Notruftelefon, das Frauen im Schwangerschaftskonflikt rund um die Uhr zur Beratung zur Verfügung steht. In sieben Jahren wurden acht Kinder lebend dort gefunden. Drei haben die Mütter zurückgeholt. Bei einem gab sich die Mutter zu erkennen und gab es in eine offene Adoption. Vier Kinder wachsen heute – ab und an sehe ich sie – glücklich bei ihren Adoptiveltern auf.

Auch die aufnehmende Mutter, die Adoptivmutter, verdient vor allem Respekt. Sie wird manches Mal überwältigt sein vom Anblick dieses kleinen Wesens, das so sehr auf sie angewiesen ist, und von der Wirklichkeit, mit der sich die Erfüllung eines langgehegten Wunsches zeigt.

Da kann eine Liebe entstehen, die ganz neue Dimensionen im Leben eröffnet.

Da ist auch eine gewisse Wachsamkeit, die um den möglichen Verlust viel eher weiß als eine biologische Mutter. Die aufnehmende Mutter spürt deutlich: Dieses Kind ist ein Geschenk. Da ist eine Frau, die es ausgetragen und geboren hat. Ich will diesem Kind das Beste geben. Wird es mich akzeptieren, auch wenn es weiß, dass ich nicht die leibliche Mutter bin? Wie reagiere ich, wenn die Fragen kommen? Welche Verletzungen werde ich ertragen müssen, welche kann ich ertragen? Ich denke, Adoptivmütter haben es schwerer als biologische Mütter. Und gleichzeitig erleben sie vielleicht ein bewussteres Glück. Und manchmal auch eine besondere Not.

Wie mag es ihr ergangen sein, der Tochter des Pharao, als ihr Adoptivsohn, groß geworden, einen Aufseher der hebräischen Zwangsarbeiter erschlägt? Vielleicht hat sie gedacht: Seine Zugehörigkeit zum Volk Israel, die Gene sind stärker als seine Erziehung am Hofe des Pharao. Ob sie enttäuscht war, verletzt, unglücklich? Oder hatte sie mit Mose eben nicht offen über seine Herkunft gesprochen, und er hat das Fremdbleiben immer wieder gespürt, die Blicke am Hof, das Verhalten seines „Großvaters"? Ist er mit dem Grundgefühl aufgewachsen: Ich gehöre nicht wirklich dazu? Wir wissen es nicht.

Margot Käßmann bei Herder

In der Mitte des Lebens
160 Seiten, gebunden mit Schutzumschlag
ISBN 978-3-451-30201-5

Mit 50 ist man zu alt für faule Kompromisse. Die Frage ist: Was war bis hierher? Und: Was habe ich noch vor? Margot Käßmann legt ein Buch vor, das so lebendig ist wie jede wahre Geschichte und das hilft, den eigenen Standort klarer zu sehen. In zehn Kapiteln geht die Autorin den Themen nach, die sich mitten im Leben stellen: Jugendlichkeit und Alter, Familie, Freundschaft und Alleinsein, Schönheit und Scheitern, Krankheit und Glück, Grenzen und Kraftquellen, Routine und Veränderung.

Mehr als fromme Wünsche
Was mich bewegt
Band 5852

Fußballfest und „Entlassungsproduktivität", Krankheit, Krieg und Sommersegen. Das Leben ist eine Achterbahn von Wunsch und Wirklichkeit. Mehr als fromme Wünsche hat die bekannteste Theologin Deutschlands, Margot Käßmann. Für die Welt, das Leben und für uns. Was das Leben bewegt, worüber wir nachdenken sollten, was trägt und was wirklich wichtig ist.

Wie ist es so im Himmel?
Kinder fragen nach Gott und der Welt
Band 5993

Kinder wollen wissen, was es mit dem Himmel auf sich hat. Warum hört Gott so oft nicht auf unsere Gebete? Muss man Süßes teilen? Margot Käßmann gibt Antworten aus ihrer Erfahrung als Mutter und Seelsorgerin. So geht religiöse Erziehung

HERDER

Margot Käßmann im Verlag Kreuz

Wenn die Dunkelheit leuchtet
Auf Weihnachten zugehen
160 Seiten, gebunden mit Schutzumschlag
ISBN 978-3-7831-8009-1

Das Himmlische wirkt in die Welt hinein: mit den Engeln von
Weihnachten. Mit dem Gotteskind im Stall. Und so beginnt gerade im
Winter die Dunkelheit zu leuchten. In den Texten Margot Käßmanns zu
Weihnachten es um Gottes Licht in der Welt und die Schatten, die wir
kennen, um die große Freude und die Sorgen, die zum leben gehören.
Gedanken zum Advent, zum Schenken, zum Geheimnis von Heiligabend
und zum Feiern von Wunder und Wirklichkeit in der Welt des 21.
Jahrhunderts.

Zur Geborgenheit finden
Antworten auf Fragen des Lebens
160 Seiten, Paperback
ISBN 978-3-7831-3446-9

Hat das Leben noch Sinn, wenn ich meine Liebe verloren habe? Wie kann
ich mir treu bleiben, wenn alles sich ändert? Es gibt viele Fragen, die das
Leben an uns stellt; sie zu beantworten, ist alles andere als leicht. Viele
Menschen wenden sich mit ihren Fragen an Margot Käßmann, die in
diesem Buch Antworten gibt – in Form von fiktiven Briefen. Dabei
vermittelt sie das Vertrauen: Das Leben macht Sinn, auch wenn man
manchmal nicht weiter weiß: Jeder kann Geborgenheit finden.

KREUZ

Originalausgabe: Verlag Herder GmbH 2009

© Verlag Herder GmbH, Freiburg im Breisgau 2010
Alle Rechte vorbehalten
www.herder.de

Umschlagkonzeption: Agentur R·M·E Roland Eschlbeck
Umschlaggestaltung: Verlag Herder GmbH, Freiburg
Umschlagfoto: © VG Bild-Kunst, Bonn 2010 – Marc Chagall,
Hommage, 1972 (Detail)/bpk/Skala

Satzgestaltung: werkdruck – Thomas Hein

Herstellung: fgb   freiburger graphische betriebe
www.fgb.de

Gedruckt auf umweltfreundlichem,
chlorfrei gebleichtem Papier
Printed in Germany

ISBN 978-3-451-06282-7